보광스님의 길 위의 64일

보광스님의
길 위의 64일

맑은소리 맑은나라

인연을 기다리는 64일간의 기도 원력

64일간의 여정을 끝내고 다시 제가 있어야 할 자리로 돌아온 지 벌써 많은 시간이 흘렀습니다. 그동안 해가 바뀌었고, 저 멀리서는 봄의 소식이 들려옵니다.

그러나 저는 아직도 십보일배의 엄중한 걸음으로 5대 적멸보궁을 향해 순례의 길에 올랐던 기억과 감동을 잊을 수 없습니다. 머무는 곳마다 부처님이 계신 법당이었고, 만나는 인연 마다 깨우침을 주는 불보살이었습니다. 대자연은 때로는 호법신장으로, 또 때로는 어머니 품처럼 우리를 이끌어주었습니다. 길가에 피어 있는 이름 모를 꽃들의 언어를 들으며 환희심에 젖었고, 문명의 이기에 무참히 생명을 빼앗긴 동물들을 보며 통곡했습니다.

64일간의 순례 대장정은 저를 돌아보게 하는 철저한 참회의 시간이었습니다. 그리고 수행자로서의 사명감과 불제자로서 반드시 지켜야 할 것을 깨닫는 공부의 시간이기도 했습니다. 더불어 입재에서부터 회향에 이르기까지 순례의 기쁨과 고통을 온몸으로 함께 나눈 소중한 인연이 있어 행복한 나날이기도 했습니다. 힘들 때 마다 서로 밀어주고 끌어주었던 석광스님과 자중스님은 이번 순례에서 맺은 귀하디귀한 인연의 결실입니다.

저는 또 다른 인연을 기다립니다. 사실 저는 이번 순례를 떠나기 전 한 가지 발원을 했습니다. 라오스 학교 건립, 경제적 후원 등등 해외봉사활동이 원만히 진행되고 이러한 불사에 동참할 인연이 오기를 기도했습니다. 순례 기간 내내 한 순간도 놓치지 않았던 기도 원력은 바로 이것이었습니다.

길 위에서 보낸 64일간의 기록을 책으로 펴내는 것 역시 이러한 원력과 맞닿아 있습니다. 보잘 것 없는 저의 행적과 글이 불자님들의 신심을 굳건하게 하는데 조금이라도 도움이 된다면 더 바랄 것이 없습니다. 나아가 라오스 해외봉사에 뜻 있는 분들과 인연을 맺어 우리의 활동이 더욱 활성화된다면 이 또한 부처님의 가피일 것입니다.

책을 출간하기 위해 이것저것 정리를 하다 보니 오직 한 가지 마음만이 제 가슴에 새겨집니다. 감사한 마음입니다. 이번 순례가 무사히 회향할 수 있었던 것은 양으로 음으로 응원을 아끼지 않고 마음을 보태어 준 많은 분들이 있었기에 가능했습니다. 통도사 여러 큰스님들과 은사스님, 법장스님, 두 도반 스님, 불광사 신도님들, 길 위에서 만난 모든 인연과 제불보살님께 깊은 감사의 뜻 올립니다.

불기 2559(2015)년 2월
불광사 주지 보광 합장

포교와 전법 위한 '길 위의 십보일배'

봄의 전령인 매화가 통도사 도량을 가득 메우고 있습니다. 붉거나 흰 자태로 도량을 오고 가는 이들에게 제법 성급한 인사를 전하고 있습니다. 그로써 봄이고 그로써 한 시절을 또 나는 듯합니다.

이렇듯 시절을 알아 피는 꽃처럼 사람도, 미물도 제 시절을 알아 들고 나고를 반복하고 있습니다.

수행이 근간인 수행자들에게는 미물의 꽃으로도 거량이 되고 그 꽃의 낙화로도 법담이 됩니다. 그러나 어느 구절 어느 대목 전법의 길에 서 있다 하여도 거량과 법담이 모자랄 것도 없음을 새삼 느끼게 되는 바, 도심 포교의 일선에서 최선을 다하고 있는 한 젊은 스님의 남다른 기도가 우리들을 되돌아보게 하는 시간이었습니다.

지난 초가을 통도사 도량을 뜨겁게 달군 부산 초읍 불광사 주지 보광스님의 십보일배는 구참 스님들과 어른스님들께는 다소 생소한 모습으로 비춰졌을지 모를 일입니다. 그러나 더위가 가시지 않은 9월 초입부터 시작된 보광스님의 길 위에서의 기도를 보며 적지 않은 감화를 받았다는 사실입니다.

누구도 쉽게 하려 하지 않는 절, 누구라도 불쑥 나서지 못하는 길 위에서의 64일 기도는 그야말로 부처님과 같은 생각이 아니고서는 마음 내기 힘든 거룩한 행보였고, 오래도록 기억할 대작불사였다는 것입니다.

작렬하는 태양과의 고투, 악천후와의 사투, 미물들과의 힘겨운 나날들. 그렇게 다양한 외부 환경과의 싸움에서 이겨내야 했고 더는 자신과의 싸움에서 이겨낸 의지의 승가였다는 겁니다.

더욱이 열흘마다 노천에서 유주무주 영혼들을 위해 천도재를 지내며 일체 안위를 발원했고 나아가 라오스의 어린 영혼들을 위한 교육환경 조성을 위해 원력을 다한 모습은 두고두고 회자되어야 할 귀감의 행렬이었다는 생각입니다.

이제 불교는 숲으로만 향하는 수행에서 한발 나아가 대중 속으로 함께 하며 전법의 기치를 더욱 높이 해야 하는 시대를 맞고 있습니다. 모름지기 보광스님은 그런 전법의 자세로 벌써 한 발 앞서 나아가고 있는 동시대의 포교사가 아닌가 하는 판단입니다. 그러기에 봄의 전령인 매화가 한껏 자태를 뽐내듯, 때를 알아 자신을 낮추며 대중과 호흡하는 보광스님이야말로 포교와 전법의 전령사로서 최고의 모습으로 나투고 있다는 생각입니다.

보광스님의 십보일배 기록인 〈길 위의 64일〉이 모두에게 불성의 종자를 발아시키는 양분이 돼 줄 것을 확신하는 바입니다.

불기 2559(2015)년 2월
영축총림 통도사 주지 원산 도명 합장

희망을 길어 나르는 향기의 징검다리, 나의 상좌

녹음이 드리워진 통도사 보행로를 따라 절을 하고, 걷고를 반복한 일은 나의 상좌 보광스님의 십보일배 기도 덕택에 처음 맛본 '담마'와도 같은 시간이었습니다. 출가하여 50여 년에 가까운 세월을 사문으로 살아온 동안 한 번도 해보지 않은 길 위에서의 기도였습니다.

뚝심 가득하기로는 둘째 가라면 서러워 할 나의 상좌 보광스님은 언제나 자신의 자리에서 주어진 일에 최선을 다하는 승가였습니다. 지금 보다 더 어린 시절에는 앞도 뒤도 보지 않고 살아가는 모습에 그저 노심초사하며 지켜봐야 했고, 지금은 이유 있는 전진으로 은사인 나를 자꾸만 돌아보게 합니다.

그러던 차, 몇 해 전에도 십보일배를 하여 세간을 들썩이게 했고 많은 반향을 일으킨 바 있으나 그저 묵묵히 바라만 봤습니다. 그러나 5년의 시간이 흐른 뒤 다시금 십보일배를 하겠노라며 찾아왔을 때에는 뭔가 다른 안목으로 상좌의 모습을 바라보게 되었습니다. 그리하여 지난 해 9월 1일 부산에서 출발을 했고 닷새를 지나 통도사 적멸보궁에 진입한 상좌와 그 일행들의 기도에 조금이나마 힘이 되고 용기와 격려를 주고자 산문에서 보궁까지 앞서거니 뒷서거니 절을 하며 보궁으로의 한나절을 함께 했습니다.

땀은 온몸을 적셨고, 이마와 눈에서는 알지 못하는 이슬방울이 가득 맺히는 것을 느껴야 했습니다. 그것은 불은에 머리 숙여 감사하는 일이었고, 부족하여 한 없이 작은 스스로를 참회하는 시간이었으며 은사 보다 몇 곱절 나은 상좌에 대한 부끄러움의 절이기도 했습니다.

절이라면 법당 안에서만 하는 것이 전부인 줄 알았고, 갖춰진 모습이어야 한다는 고정된 생각을 순식간에 깨주는 영약과도 같은 금쪽의 시간이었던 것입니다.

올올이 부처님이었고, 올올이 불법이었던 오랜 사문의 삶에 실로 경책이 되는 커다란 선물의 그날이었습니다.

이제 그 가을 지나 겨울의 중심을 지나고 다시 새로운 한 해를 맞았습니다. 상좌 보광스님은 64일간의 10보 1배 일기를 한 권의 책으로 묶겠노라며 내 앞에 정중히 무릎을 꿇고 앉았습니다. "부끄러운 일기이나 하루하루 무정, 유정의 부처들과의 이야기를 모든 이들과 나누고 싶으며 그로써 우리들이 해야 할 주어진 불사에 작은 디딤돌이 되고자 합니다."라며 진정 부끄러운 미소를 지으며 말입니다.

이 한 권의 수행일기가 모든 이들에게 희망을 길어 나르는 향기의 징검다리가 되기를 발원하는 마음입니다. 나의 상좌 보광스님의 절이 우주를 울릴 다함이 없는 행보였음을 부처님의 마음으로 바라봐 주시기를 서원합니다.

불기 2559(2015)년 2월
영축총림 통도사 박물관장 지준 인산 합장

추천의 글

64일 희망의 소풍길, 함께 합시다!

불광사는 내 지역구인 부산진구 초읍에 있는 아담한 절이다. 이 절의 주지스님이신
보광스님께서 작년 가을에 64일 동안 불광사에서 통일전망대까지 십보일배의 대장
정을 마치셨다. 그리고 그 고난의 도보순례 동안 매일 적은 일기를 책자로 내신다면
서 나에게 축사를 부탁했을 때 나는 한순간의 거리낌도 없이 그리 하겠다 했다.
많은 불자들이 읽게 될 보광스님의 훌륭한 책에 내 글을 남기게 된 것이 영광스럽기
도 하지만, 그 보다는 그 어려운 수행의 길에 국회의 바쁜 일정을 핑계로 한 번도 동
참하지 못한 죄스러움 때문이었다.
지난 여름, 스님을 뵈었고 우리나라의 경제난 극복과 남북통일을 기원하는 십보일배
를 하시겠다고 했을 때 적잖이 걱정이 되었다. 무엇보다도 무릎에 무리가 갈 것을 우
려해서였다. 그러나 또 한편으로는 고맙기도 했다. 지금 우리나라가 당면한 가장 중
요한 과제인 경제난 극복과 남북통일을 위해 우리를 대신해서 고행의 길을 솔선하셨
기 때문이었다.
스님께선 자중스님과 석광스님 두 분이 함께 하기로 했고 5년 전에도 한 적이 있기
때문에 문제 없으리라고 하셨기에 어느 정도 안심을 했다.
그러나 이 축사를 쓰기 위해 세 스님의 64일 동안의 행적을 따라가면서 범인들로선
도저히 할 수 없는 고행임을 알게 되었다. 한번 잡은 일기책을 한순간도 쉬지 않고

단숨에 읽었다. 보광스님의 글솜씨가 워낙 뛰어나기도 했지만 어떻게 그 고행길을 무사히 마무리할 수 있었는지 궁금했기 때문이었다. 그 64일의 장정은 고난의 길에 틀림없지만 다른 한편으론 평범한 중생들로 하여금 우리 금수강산의 아름다움을 간접적으로 느끼게 해준 소풍길과 같은 것이기도 했다. 더욱이 겉모습과는 다른 보광스님의 감성이 밴 글과 시에 나 스스로 매료되었다. 이 책은 한 편의 불교문학으로 독자들에게 읽힐 수 있지 않나 생각한다.

이제 스님은 다시 불광사로 돌아오셨다. 64일의 정진 수행길에서 더 깊은 공력을 쌓고 부처님의 원력을 얻어 돌아오셨기에 불광사를 찾는 많은 신도와 중생들에게 부처님의 한없는 가피를 선사할 수 있을 것이다.
세 스님의 고행이 우리 경제를 살아나게 하고 평화통일을 앞당기는 데 분명히 기여했을 것이라고 확신한다.
그리고 이번 대장정의 또 다른 목표인 라오스 학교설립도 곧 성공적으로 이루어지리라 확신한다.
보광스님, 자중스님, 석광스님 모두 수고하셨습니다. 세 스님의 아름다운 고행길을 기록한 이 책이 부디 많은 불자들과 사부대중에게 읽히고 이 어려운 시대에 희망의 메시지가 되기를 기도드린다.

불기 2559(2015)년 2월
부산진구갑 국회의원 **나 성 린**

출발을 기다리며

나는 항상 초라하고 못났다고 입버릇처럼 말하며 다른 사람들과 비교하며 살았습니다. 자신감을 잃어버린 그런 모습이 나 스스로와 주변 사람들까지 자신 없게 만들어 버렸습니다. 그것도 모자라 마치 내 탓이 아닌 것처럼 주위사람들에게 화를 냈습니다. 나를 이해해주지 못한다고 원망하며 우울해하기도 하였습니다.

나는 몰랐습니다. 내가 얼마나 깊고 큰 마음을 본래부터 가지고 있었는지! 그것을 알고 나니 용기를 내어 남들에게 베풀며 사랑할 수 있게 되었습니다. 그리하여 세상에서 가장 아름다운 이야기를 자신 있게 쓸 수 있게 되었습니다. 10보1배 도보순례는 제가 펼쳐나갈 70여일 간의 가장 소중한 이야기가 될 것입니다.

내일이면 70여일 간의 대장정이 시작됩니다. 설레면서 긴장이 되기도 합니다. 순례의 길에 오른 동참자 모두 아무 탈 없이 원만회향 하기를 간절히 발원합니다.

지금 이 순간 거룩한 기도를 함께 하는 이 인연이 얼마나 소중한지 눈앞에서 다시 한 번 확인한다.

01 보 광 스 님

출발

첫째 날 … 구월 일일 / 월요일   날씨 : 엄청 따갑게 맑음(10km)

___

설레는 아침이다. 불광사 도량은 신도님들의 움직임으로 부산하다. 출발을 목전에
둔 나만큼 신도님들도 들떠있나 보다. 이번 순례에 동행할 자중스님, 석광스님은 어
제 저녁부터부터 말이 없다. 설렘 반 걱정 반으로 마음속이 복잡한 듯하다. 이미 순
례기도 경험이 있는 나도 이러한데 두 스님이야 말 할 필요가 있을까.

아침 일찍 약속이나 한 것처럼 방송사 취재 기자들이 한꺼번에 도착했다. KBS,
KNN, MBC를 비롯해 교계방송인 BTN, BBS 등 장사진을 이룬 취재기자들 때문에 도
량이 더 부산스러워졌다. 출발에 앞서 이번 순례기도의 의미를 세상에 고하고 싶은
마음에 취재를 허락하기는 했지만 번잡함에 익숙해지기가 쉽지는 않다.

보광스님

신도님들의 격려를 뒤로하고 떨리는 몸과 벅찬 가슴으로 순례의 첫발을 힘차게 내디뎠다. 잔뜩 긴장한 탓인지 시간과 거리가 줄어들수록 몸이 점점 무거워졌다. 30도가 넘는 더위 탓에 온몸이 마치 한증막에 있는 것 같았다. 따가운 햇볕을 피해 손바닥만 한 그늘이라도 있으면 찾아서 쉬려고 했다. 그런데 여의치 않다. 우리 뒤를 따르는 불자님들이 절을 하며 힘차게 추격해 오는 것이 아닌가.

하루만이라도 기도에 동참하고 싶어 뒤따라 온 불자님들이 고맙기도 하고 한편으로는 미안하기도 했다. 동참한 불자님들은 모두 지긋한 연세에 존경받는 분들이다. 집에서 편안하게 여가생활을 하시면 될 터인데 군이 힘들고 고단한 십보일배에 동참해서 온 마음과 땀을 길 위에 쏟아 붓는다. 편안한 기도법이 많음에도 불구하고 나의 고집 때문에 안 해도 될 고생을 하는 것 같아 마음이 무겁다. 불자님들은 이 마음을 아는지 모르는지 눈물을 글썽이며 행복해 한다. 그분들의 순수한 마음과 믿음, 아낌없는 응원과 격려가 지금 기도를 떠나는 나에게 얼마나 큰 힘이 되는지 모른다. 나의 신심과 신념을 굳건하게 하는 원동력이기도 하다.

나를 응원하고 있는 불자님들의 신심과 마음을 모아 70일 간 계속 될 이번 순례에서 태양보다 뜨거운 열정을 만들어 낼 것이다. 묵묵히 나를 지원하며 지켜보고 있는 그분들이 곧 신장님이기 때문이다. 지쳐 쓰러져 잠들기 전 그분들에게 하고픈 말이 있다.
"불광사 불자님들, 나를 안쓰럽게 여겨 걱정하며 내 손을 잡아주고 울먹거리던 고귀하고 아름다운 불자님들! 감사하고, 사랑합니다."

길 위의
법당

둘째 날 … 구월 이일 / 화요일   날씨 : 흐리지만 습하고 무더움(16km)

새벽 4시. 잠을 설친 탓인지 기상이 힘들다. 내 옆에서 잠들었던 김동현 라오스후원
회 총무님도 끄응 신음소리를 내며 엉거주춤 비틀거리며 일어났다. 나와 함께 라오
스에 학교를 짓고 후원활동을 열성적으로 하더니 이제는 아예 10보1배까지 동참했
다. 직장을 잠시 쉬고 통도사까지 5일간의 기도순례에 동참했다. 이 기회에 자신을
뒤돌아보고 새로운 마음으로 후회하지 않는 삶을 살아가기 위해서라고 한다. 그러지
않아도 꼼꼼한 성격에 열심히 살아가는 성실한 사람이다.

5년 전, 십보일배를 이번 순례와 똑같이 70일간 했던 기억이 있다. 그 경험을 더듬으
며 출발하기 전에는 자신감으로 충만했다. 그런데 하룻밤 자고 일어나보니 어제와
오늘이 다르다는 것을 깨달았다. 흐르는 세월 앞에 변하지 않는 것이 있을까, 몸의

근력이라고 예외는 아닐 터. 하지만 이미 늦었다! 이제는 끝까지 가야한다.

이렇게 다짐을 하고 나선 길이지만 앞으로 나아가는 한걸음 한걸음이 목구멍을 꼭 죄어온다. 다행히 자중, 석광 두 스님이 이번 기도에 동참해 교대로 호흡을 맞춘다. 혼자서 하는 것보다 세 명이 돌아가며 하다 보니 체력 안배에도 효율적이고 지쳐서 늘어지는 경우가 없다.

두 스님은 부처님께서 나에게 내린 가피였다. 그냥 보통 인연이 아니라 부처님의 가피가 틀림없다. 나와 맺어진 인연은 모두 소중하다지만, 지금 이 순간 거룩한 기도를 함께 하는 이 인연이 얼마나 소중한지 눈앞에서 다시 한 번 확인한다.

아침을 대신해서 군에서 먹는 전투식량을 먹었다. 뜨거운 물을 정량보다 훨씬 많이 붓는 바람에 짜장밥이 아닌 짜장탕이 되어버렸다. 길바닥에 주저앉아 먹는 모습이 영락없는 거지 모양새다. 서로 농담을 주고받으며 웃는 얼굴에 행복이 가득하다. 행복한 거지다! 다른 사람의 행복을 빌며 용기와 희망을 주기 위해 길 위에 엎드린 순수하고 아름다운 거지들이다.

10시에는 길에서 가사를 수하고 목탁을 치며 소리 높여 불공을 드렸다. 우리들의 목소리가 저 하늘을 뚫고 불보살님과 신장님들에게 전해지길 바라면서 모두 다 하염없이 하늘만 쳐다보며 염불을 했다. 아! 나무 관세음보살.

보광스님

지중한 인연

3일째 … 구월 삼일 / 수요일   날씨 : 용왕이 선물을 보냄, 종일 비가 주륵주륵(10km)

새벽부터인지 어제 저녁 늦게부터인지 비가 많이 왔다. 새벽출발을 할 수가 없어 답답해하다 아침 7시경 아침밥을 간단하게 때웠다.

8시경, 잦아드는 비를 맞으며 서둘러 출발을 했다. 1시간이 겨우 지나자 다시금 힘들어졌다. 우비를 입은 탓인지 땀이 비 오듯 쏟아져 온몸을 흠뻑 적셔버렸다. 온몸 안팎으로 비가 오는 것 같다.

흘린 땀만큼 체력도 금방 바닥이 났다. 스님들 보기가 민망해서 힘들다고 말하지도 못하고, 내색도 안 하려고 했지만 두 스님들이 먼저 눈치를 챘나보다. 차에서 뛰어내려와 자기도 이참에 여유롭게 절을 하고 싶다며 내 등을 밀어준다. 눈물이 나게 고맙다. 나를 보고 빙긋이 웃는 자중스님의 미소에는 나를 배려하려는 따뜻한 마음이 담겨 있었다. 그 미소를 보는 순간 고마움이 느껴져 그만 안아주고 싶었다. 그리고 보니, 자중스님과의 인연도 꽤 오래 되었다.

자중스님은 8년 전 경북 구미에서 포교당을 오랫동안 운영했다. 얼마나 열심이었는지 몸이 쇠약해지더니 급기야 요양이 필요한 지경에 이르게 되었다. 요양하기에는 부산이 좋다는 말을 듣기는 했지만 어디로 가야할 지 몰랐다. 그러던 차에 부산에 와서 어린이대공원을 산책 하던 중 우연히 불광사에 들르게 된 것이다.

자중스님의 첫인상은 차분하고 말수가 적었으며 겸손하고 속이 깊은 사람으로 보였다. 그렇게 인연이 되어 함께 1년간 생활하게 되었는데, 차츰 몸이 좋아져 다시 구미 포교당으로 돌아갔다. 그 뒤부터는 항상 먼저 전화를 걸어 해마다 안부 인사 전하는 것을 잊지 않았다. 몇 달 전에도 전화가 왔기에 혹시나 하는 마음으로 기도동참을 권했다. 며칠 뒤 동참하고 싶다는 뜻을 밝혔다.

권하기는 했지만 막상 동참한다고 하니 문득 자중스님의 건강이 염려되었다. 그래서 다시 생각해 보라고 만류했지만 자중스님의 뜻은 굳건했다. 언제 이런 기회가 다시 오겠느냐, 기회가 왔을 때 부처님 전에 한 몸 바쳐 수행해 볼 것이며, 해이해진 신심을 다잡을 수 있을 것 같으니 몸이 다치는 한이 있더라도 기도에 꼭 동참하겠다는 것이다. 역시 기도는 건강한 체력보다는 견고한 신심이다.

자중스님은 빗속에서도 멈추지 않고, 뒤에서 불러도 듣지 못할 정도로 무아의 상태에서 차분히 절만 해나갔다. 가만히 생각해보니 8년 전의 우연한 만남이 이처럼 위대한 결과를 낳는 것 같아 인연의 지중함을 다시 한 번 깨닫는다.

비는 멈추지 않고 계속해서 내렸다. 네 명 다 온몸이 비에 흠뻑 젖어 한기가 들기 시작하더니 몸이 떨려왔다. 할 수 없이 오후 2시쯤 일찍 기도를 접고 통도사 자비도량으로 숙소를 정해 입실했다.

따뜻한 물에 몸을 담근 채 빗길 속에서 지나온 순간순간을 생각해 보았다. 기도하는 동안 놓쳐버리거나 무심히 지나쳐버렸던 풍경이 머릿속에서 그림처럼 되살아났다. 비가 오는 중에도 먹이를 찾아 비상하는 맹금류의 기상과 푸른 산골짜기를 감싼 운무의 신비감은 오늘의 기도순례가 선사한 선물처럼 느껴진다. 고단한 가운데 스스로 수행자임을 자각한다.

내일은 더욱 힘차게 기도할 것을 다짐하며, 일찍 잠을 청한다.

유랑자의
행복

4일째 ··· 구월 사일 / 목요일   날씨 : 아침에는 서늘 낮에는 더움(8.7km)

이틀간 도보를 강행했기 때문에 오늘은 조금 여유롭게 시작할 수 있었다. 아침을 통
도사 자비도량 주차장에서 간단하게 먹었다. 오랜 세월을 말하는 소나무들이 고고한
자태로 시원한 그늘을 만들어 주었기에 녹차까지 마시며 제법 소풍 나온 듯 신선놀
음을 즐긴다.
전날 비에 젖은 옷들을 석계에 사는 강사리자 노보살님이 급하게 세탁을 해왔다. 아
직 덜 마른 옷을 받아가지고 짐을 가득 실은 트럭 뒤에 주렁주렁 걸어놓으니 영락없
는 유랑자 막사처럼 보인다.

아침 8시경 어제 끝 낸 지점에서 천천히 절을 하기 시작했는데, 굉음을 내며 지나가
는 화물트럭의 운전수들이 쳐다보며 웃어주기도 하고, 때로는 힘을 내라는 듯 경적

도 울려준다. 어떤 분은 차를 세우고 다가와서 대단하신 분들이라며 얇은 지갑 속에서 어렵게 만 원을 내놓으며 우리를 응원해준다. 감사한 마음으로 준비한 단주를 손목에 걸어주었더니, 무척 기뻐하며 인사를 하고 떠나갔다. 이런 순간이 행복이고, 수행자로서 느끼는 뿌듯함이다. 정해진 바 없이 어떤 곳, 어떤 순간에도 서로를 진실한 마음으로 존중해주기 때문일 것이다.

나무 그늘 아래에서 올리는 사시불공의 목소리가 우렁차다. 집전하는 내내 목탁과 요령이 춤을 추듯 운율을 탄다. 급한 성질을 못 이겨 먼저 물든 때 이른 가을 낙엽들이 염불소리에 맞춰 우수수 떨어진다.

오후의 더운 열이 복사되어 땅에서 올라온다. 하지만 조용히 마음을 내려놓고 절을 하는 나에겐 따뜻한 봄기운에 불과하다. 자칫 잠이 올 것 같았다. 하나, 둘, 셋…… 열 걸음을 옮긴 뒤 절을 하는 반복적인 행동이 그냥 편하고 또 편해졌다.

짧은 거리 탓인지 남방 통도사 산문에 도착했다. 설명할 수 없는 기쁨과 환희가 가슴에 차오른다. 한편으로는 생각보다 빨리 끝나버린 오늘 순례는 아쉬운 마음까지 들게 한다. 하지만, 내일 아침 불광사에서 오실 불자님들과 이 행복한 기도를 함께 나누어야하기 때문에 오늘은 이쯤에서 그만둬야 한다. 게다가 내일은 불교계 기자들도 취재 온다고 하니, 우리도 숙소로 돌아가 예쁘게 삭발하고 단장해야 하겠지?

내일 삼보일배로 통도사 사리탑 친견할 것을 기대하며, 가벼운 마음으로 숙소로 돌아왔다.

스승님,
스승님!

5일째 날 … 구월 오일 / 금요일   날씨 : 매우 맑음 (2.4km) + (8km)

새벽부터 잠자리를 뒤척였다. 도무지 잠이 들 것 같지 않아 아예 잠을 포기하고 일어나 앉았다. 차라리 참선을 하며 마음을 다독이는 것이 낫겠다. 그런데도 마치 설빔을 받은 아이처럼 마음이 부풀어 오르며 기쁨과 흥분이 가시지 않았다. 나만 그런 게 아니라, 자중스님, 석광스님, 김동현 처사님도 마찬가지인 모양이다.

오전 9시 통도사 매표소에 도착하니, 불교TV에서 뉴스취재차 와 있었다. 인터뷰를 하고 있는데 뜻밖에 은사스님과 도문스님께서 내 옆으로 다가오셨다. 우리 기도를 응원하기 위해 삼보일배에 동참하신다며 직접 통도사 매표소 입구까지 내려오신 것이다. 너무 놀랍고 감사해서 말문이 막혔다. 어떻게 인사를 드려야 될지도 모르겠다. 은사스님은 부족한 상좌를 위해 편찮으신 몸을 뒤로 한 채 기꺼이 준비를 하고 나오

신 것이다. 연로하신데다 당뇨까지 앓고 계신데도 먼 길 떠나는 상좌가 걱정돼 몸소 나오셨으니, 눈앞이 뿌옇고 목안에 울음이 소용돌이친다. 감히 스승님 앞에서 어찌 눈물 따위로 이 감사함을 보일 수 있으랴! 그저 머리 숙인 채 묵언으로 답을 할 뿐.

곧이어, 불광사 신도님들을 태운 버스가 도착하고 사제인 보원스님이 신도님들의 행렬을 이끌며 우리와 함께 통도사 삼보일배를 시작했다. 우거진 소나무 숲길을 따라 석가모니불 정근소리가 울려 퍼진다. 꿈속 같은 숲길에서 지나온 나의 삶을 참회하며 절을 해나간다. 간간이 뒤를 돌아보니 이미 온몸이 흠뻑 젖어버린 은사스님과 도문스님이 상기된 얼굴로 숨을 거칠게 내쉬며 우리를 뒤따르고 있다. 그 순간, 표현할 수 없는 죄스러움이 마음을 무겁게 하는데 그만 쓰러져 울고 싶었다. 이 죄스러움을 무엇으로 보답해야할지….

2시간에 걸쳐 삼보일배를 올리며 사리탑에 도착했다. 거기에는 28년 전의 내가 서 있었다. 이제 막 출가해서 어린 행자가 되어 웃고 있는 19살의 내 모습을 보았다. 여기서 있는 지금, 왜 그리도 지난 시간이 되살아나는지 모를 일이었다. 이미 열반에 드신 뒷방의 노스님들도 서서 웃고 계시는 것 같다. 뜨거운 눈물이 흐른다. 부처님께서 과거의 나를 나에게 보이시며 무엇을 말씀하시려는가?

통도사 주지이신 원산스님께서 몸소 마중을 나와 축원까지 해주시니, 저절로 부처님 전에 발원하게 된다.

"자비로서 저희들을 보듬고 안아주시는 거룩하고 더없이 위대하신 부처님. 시방세계 계신 부처님을 이제야 부끄러이 찾아뵙고 참회하옵니다. 오늘 이 자리에 엎드려 미약하고 초라한 중생이 염치없이 부처님께 매달립니다. 바라옵건데 저의 어머님을 어여삐 여겨 남은 생을 건강하게 수행할 수 있도록 자비의 손길로 살펴주소서. 라오스에 학교를 지을 수 있도록 귀한 인연을 맺게 해 주옵소서. 모든 불자님들의 소원이 이루어질 수 있도록 드넓은 자비광명을 비추어 주옵소서. 은사스님께 저지른 무거운 죄업을 용서해 주시고 그 업장을 녹여주옵소서! 간절히 간절히 목숨 바쳐 엎드려 비옵니다."

부처님께 발원하는 내가 염치없으면서도, 또 한편으로는 더욱 간절히 읊조리게 되는 것을 어쩌지 못하겠다. 주지스님의 정성어린 축원이 끝나고 점심공양을 마친 뒤 다시 산문에서 언양 쪽으로 십보일배를 이어나갔다. 신기하게도 지치지 않는다. 신장님이 사리탑에서부터 따라 오는 것일까. 힘이 솟구치며 더운 날씨와 뜨거운 아스팔트의 지열에도 목이 마르지 않다. 오후 기도를 마친후 숙소로 돌아오며 오늘처럼 불보살님의 가피를 다시 맞이할 기쁨에 내일이 살짝 기대 된다.

신념을 되새기며

아침 7시에 다시 기도를 시작했다. 스님들의 신심이 거대한 산처럼 느껴질 만큼 힘찬 순례가 이어지고 있다.

어느 교계신문기자가 왜 십보일배를 하는지 물어본 적이 있다. 자중스님은 '수행' 이라고 답을 하고, 석광스님은 '용서', 나는 '신념' 이라고 답했다.

책에서 본 글 중에 인간에게 신념이 없다면 영혼이 없는 목석과 같다는 글귀가 기억난다. 우리가 어떠한 환경 속에서도 참고 인내하며 살아가는 것은 신념이 존재하기 때문이다. 올바른 말과, 올바른 견해, 올바른 생각, 올바른 행동, 올바른 생활, 올바른 노력, 올바른 각인, 올바른 정신집중을 가진 사람은 어떠한 것도 두려워하지 않는다. 부처님의 가르침에 의지해서 참회와 봉사하는 삶을 살겠다는 것이 나의 신념이다. 이러한 신념은 남은 생 동안 멈추지 않을 것이다.

10시쯤 길 위의 무처소(無處所) 법당에서 정성껏 불공을 드리며 축원 발원했다. 문득, 한 가지 생각이 스쳤다. 눈에 보이지는 않지만 순례기도를 시작하는 날부터 함께해 온 수많은 유주무주 고혼들이 지금 우리 주위에 있을 것이라는 생각이었다. 이 또한, 우리가 책임지고 순례기도 동안 함께 가야 할 또 다른 순례 무리가 아니겠는가. 두 스님들과 눈에 보이지 않는 수많은 영혼들이 매일매일 대법회의 장렬한 행렬을 이어 가고 있으니 나는 지금 외롭지 않다. 부처님의 가르침대로 전생부터 이 생까지 나와 인연 맺은 영혼들도 내 뒤를 따르고 있을 것이고, 다음 생에 만나게 될 인연도 이 자리에서 우리들을 지켜보고 있을 것이다. 십보일배 순례기간 동안 만나게 되는 사람은 물론이고, 길을 가다 잠시 눈이 마주쳐도 필시 남이 아닐 것이니 매순간 절을 할 때마다 그들을 위해 기도한다.

부처님의 자비광명이 우리들을 기억하는 순간 모두에게 비추길 바라며!

황금물결 극락세계

오늘도 강행군을 했다. 한 달 정도 지나면 체력이 많이 떨어질 것에 대비해서 초반에
조금 더 속력을 내기로 하고 이틀째 강행이다. 오늘따라 날씨까지 무더워 더 지친다.
경주 쪽으로 나아가는데 국도 갓길이 위험하다는 생각이 들 정도로 차량들이 급하게
속력을 내며 치달린다. 내일이 한가위라 고향을 방문하는 차량이 늘어난 탓이다.
마을 어귀 정자에서 라면과 햇반으로 대충 점심식사를 하고 있는데, 어린아이들이
몰려와 신기한 듯 우리를 쳐다본다. 땀으로 범벅된 채 허겁지겁 점심을 먹는 우리가
아이들 눈엔 거지처럼 보였나보다.

길옆 탁 트인 논에는 하루가 다르게 여물어가는 벼가 풍성하다. 벼이삭들이 서로 앞
다투어 햇살줄기를 잡아당기는 듯한데, 그렇게 황금색으로 물들어가는 벼의 물결은

아름답기까지 하다. 색깔이 조금 더 짙어지면 마치 황금으로 뒤덮인 서방극락세계의 광경 같으리라. 가만히 눈을 감고 부처님께 갓 찧은 햅쌀로 김이 모락모락 오르는 하얀 쌀밥을 지어 공양을 올린다. 논두렁에서 콩잎을 따다 시냇물로 절이고…. 행복한 마음에 저절로 배가 부르다. 이 공양 가득히 지어, 우리 뒤를 따르는 수많은 영혼들에게도 나누어준다. 하얀 쌀 공양 잔치에 모든 혼령들과 일체 만물이 배가 불러온다.

"더도 말도 덜도 말고 한가위만 같아라"라는 말이 있을 정도로 한가위는 만물이 풍성해지는 명절이다. 그런데도 나는 늘 마음 한쪽이 아릿하다. 북한 동포들도 내일은 풍족하게 음식을 나누어 먹었으면 하는 생각에 가슴이 아련해진다. 내 아버지 고향이 평양이라 그러한 마음이 더욱 간절해지는 것 같다. 아버지는 명절만 되면 쉽게 먹을 수 없는 고향의 음식을 찾아 실향민 동기 분들과 하루씩 집을 떠나곤 하셨다. 그러한 의식은 아버지가 돌아가시기 전까지 계속되었는데, 아버지가 세상을 떠나신지 벌써 17년이나 되었다. 지금은 영혼이나마 그토록 그리워하던 고향 땅을 밟아 보았을까. 부처님, 명절날 단 하루만이라도 북한 동포들과 모여 맛있는 음식을 행복하게 나누게 해주십시오. 엎드려 두손모아 발원하옵니다.

오늘은 한가위

오늘은 한가위. 불광사는 명절 합동제사로 큰법회 마냥 분주할 것이다. 오늘 같은 명절에 쉬지도 못하고 불광사에서 힘들게 일하실 이들을 생각하니 미안한 마음뿐이다. 절에서 하는 일을 부처님께 올리는 정성스런 공양으로 알고 자신의 일보다 더 소중하게 여기는 분들이다. 이러니, 내가 어찌 사문으로서 헛되게 살아가는 걸 두려워하지 않으리. 이 분들을 위해 길 위에서 진실한 마음으로 정성껏 기도를 올린다. 지금까지 지어온 복덕공양으로 자손들과 가문이 더욱 번창하기를 발원한다.

TV방송에서는 목숨 걸고 북한을 탈출한 탈북자의 사연과 대한민국에서 새로운 삶의 터전을 마련하고 살아가는 새터민의 이야기, 임진각에서 명절합동차례를 지내는 실향민의 눈물어린 이야기, 남북통일에 대한 국가와 국민의 주요과제를 중점적으로 이야기하고 있다. 하지만, 정작 우리는 통일의 중요성을 잊어버리고 산다. 남의 나라 이야기처럼 여기고, 오히려 남북통일이 국내 경제에 타격을 입힐 것이라며 통일을 반대하는 사람까지 있다. 반드시 이루어 져야 할 우리의 소원이 그릇된 생각에 두려운 일로 변해간다. 참으로 슬픈 일이다.

천년을 이어가는
우리들의 이야기

9일째 ··· 구월 구일 / 화요일   날씨 : 아침 짙은 안개, 오후 바짝 맑음(18km)

어제 하루 푹 쉰 덕분에 체력이 제법 든든하다. 오늘은 새벽부터 짙은 안개가 한 치 앞도 가늠할 수 없을 정도로 온 시내를 감싸고 있었다.

천년의 신비를 간직한 부처님의 도시 경주! 형산강을 끼고 내려앉은 안개가 신비스러울 정도로 운치가 있다. 길가에 흐릿하게 보이는 나무들은 안개속의 신장처럼 버티고 있다. 비스듬히 기울어진 옛 비석들은 을씨년스럽게 보이지만, 전설이 가득한 이야기를 간직한 것 같아 오히려 호기심 어린 정감이 간다.

경주는 이미 세계문화유산에 등재돼 아름다움을 인정받고 있지만, 원효대사와 의상 대사 자장율사의 법력을 품고 있어 그 가치가 더욱 남다르다. 특히 신라 의상대사는 삼국 통일을 염원하며, 서라벌에서 양양 낙산사 홍련암까지 삼보일배 수행 길에 올랐다. 그리하여 맹수와 독충, 도적들이 위협하는 위험하고 험난한 여정 끝에 홍련암에서 관세음보살을 친견했다고 한다. 다시 천년이 지나 지금 우리는 경제난 극복과 남북통일을 기원하며, 십보일배 수행으로 의상대사의 말할 수 없이 거룩한 행보를 이어가고 있다.

짙은 안개 속에서 땀이 흠뻑 젖도록 절을 해나갔다. 아침이슬을 머금은 물망초며 나팔꽃들이 머리 조아린 나를 보며 살포시 맞절을 한다. 오직, 아침햇살과 싱그러운 풀잎, 조그만 풀벌레만이 기도하는 우리를 반기며 화답해 줄 뿐 어느 누가 이 즐거움을 알 수 있을까? 옆 도로에는 앞만 보고 질주하는 현대인의 모습이 있고, 갓길에는 과거 신라인의 숨결을 느끼며 느리게 가는 수행자의 모습이 묘하게 대비된다.
날씨가 맑아지자 안개가 살며시 뒷걸음치며 사라진다. 천천히 흩어지는 천년의 숨결과 옛 고승들의 수행을 그리워하며 오늘 우리는 이 길 위에 우리들만의 이야기를 다시 써나간다.

이 시대의 호랑이

10일째 … 구월 십일 / 수요일   날씨 : 흐린 뒤 맑고 더움(20km)
———

새벽에 일어나 잠시 참선을 한 뒤, 아침식사를 마치고 6시부터 절을 해나갔다. 서로 경쟁이라도 하듯 열심히 땅에 엎드리며 앞으로만 나아간다. 잠시 쉬는 틈에 두 스님들에게 절하면서 무슨 생각을 하였냐고 물으니 "기도!" 라는 대답만 할 뿐 별다른 말이 없다. 게다가 조용히 미소만 머금는 것이 왠지 수행의 맛에 깊이 빠진 것 같다. 나만 뒤처진 게 아닌가 싶어 질투심까지 들 정도다. 어찌했건, 모두 깊은 신심이 일어난 것만은 분명하다.

우리 가운데 두 명은 고속으로 질주하는 차량들을 조심스럽게 피해가며 절을 하고, 한 명은 짐 실은 차를 운전해 1~2km씩 먼저 가서 대기하고 있다. 한참을 이런 식으로 나아가다 보지 말아야 할 처참한 장면을 보고 말았다. 도로 중앙에 덩치 큰 고양

이와 개가 간격을 두고 차에 부딪쳐 죽어 있다. 길을 건너다 달려오는 차를 미처 피하지 못하고 불의를 사고를 당한 것 같다. 두 눈까지 부릅뜬 상태라 안타깝고 불쌍한 마음에 눈물까지 괸다. 미친 듯이 달리는 모든 차들이 순간 야속한 괴물로 보인다. 석광스님이 시신이라도 치워주자며 도로중앙으로 뛰어가고, 자중스님은 교통안전봉을 흔들며 달려오는 차량들의 속력을 늦춰 보려 애를 쓴다. 하지만 그들은 오히려 경적을 더 크게 울리며 우리를 피해 속력을 낸다. 아슬아슬하게 동물의 시신을 수습하고 길 위에서 외로이 죽은 그들을 위해 목탁을 치며 극락왕생을 빌어주었다.

옛날엔 마마 같은 질병이나, 호환이라 해서 호랑이를 무척 조심했다고 한다. 호랑이굴에 끌려가도 정신만 차리면 목숨은 건진다는 속담이 있긴 하지만, 이제는 정신을 바짝 차려도 당할 건 당하는 시대가 되어버렸다. 호랑이가 달리 호랑이가 아니라, 으르렁대며 두 눈에 불을 켜고 달려오는 차들이 이 시대의 호랑이다. 마치, 우리 인간들이 호랑이등에 올라타고 위험하게 목숨을 맡기고 무작정 내달리는 모습과 다르지 않다. 조금만 천천히 여유롭게 달렸으면 동물들이 이렇게 불쌍하게 죽지는 않았을 텐데 하는 생각에 아쉬움만 더한다. 길 위의 가여운 영혼들을 위해 기도하며 계속 절을 해나갔다.

수행 첫날부터 느낀 것이지만 갓길 옆은 그야말로 쓰레기장이 따로 없다. 심지어 절을 하는 우리들을 향해 온갖 쓰레기를 투척하고 낄낄거리며 사라지는 이들도 있다. 정말 얄밉다. 저렇게 상식과 도덕성을 잃어버린 이들이 오히려 남을 비하하고 겉으로는 착하고 깨끗한 척 스스로 포장할 것이다. 더운 날씨에 짜증과 분심이 저절로 일어난다. 그래도 이 세상에는 좋은 사람들이 더 많다는 것을 확신하며 분심을 겨우 달랜다.

절을 하는 동안 계속해서 밀려오는 생각은 사람들의 눈빛이 마치 화가 난 것처럼 분노에 가득 차 있다는 것이다. 우리들을 쳐다보는 사람들의 시선에서 무감각해지고 시들어버린 감정을 읽는다. 생기와 희망은 보이지 않는다. 마음속에 즐거운 일이나 희망이 생겨야 할 것인데 도무지 그렇지가 않은 모양이다. 이럴 때, 우리 종교인들이 이웃과 대중을 위해 기도하며, 희망을 전하는 포교사나 전도사가 되어야 할 것이다.

부처님, 지혜의 자비광명으로 온 세상을 두루 비추어주소서. 모든 사람들이 한순간이라도, 서로 원망하거나 미워하지 않으며, 서로를 위해 나누고 배려할 수 있는 희망을 보여주소서. 지심귀명례의 마음으로 엎드려 오늘도 간절히 기도합니다.

길위의 64일

부끄럽고
창피하다

아침부터 날씨가 맑고 쾌청하더니 얼마 지나지 않아 뜨거운 햇빛이 온몸을 녹이는
듯 했다. 무더운 날씨 탓인지 오늘은 모두 힘이 들어 보이고 얼굴이 붉게 상기되어
간다.
도로에는 간밤에 죽은 동물들의 사체가 나타나기 시작했다. 아무리 여러 번 겪고 자
주 보아도, 이럴때 마다 아픈 마음은 덜어지지 않는다. 그래도 이제는 마음 아파하지
말자! 이것 또한 전생부터 이어진 업의 굴레인 것을. 법성계를 염송하며 극락왕생염
불을 해주고 가슴에 남아있는 아픔을 가을바람에 조금씩 실어 보낸다.

작은 마을의 정자에서 간단히 점심을 때우고 꿀맛 같은 짧은 휴식을 취했다. 그 시간
이 얼마나 좋은지 그만 이곳에 눌러 앉고 싶다는 생각이 든다.

보광스님

길위의 64일

휴식도 잠시, 작렬하는 뜨거운 햇빛과 아스팔트가 내뿜는 열기를 머리로 온몸으로 받아가며 오후시간 내내 절을 해나갔다. 피곤함이 몰려올 때쯤 건너편 도로에서 한 불자님이 경적을 울리며 화이팅을 외친다. 한순간에 피곤함이 사라지고 기쁨과 환희가 감동이 되어 몰려온다. 사람들의 무관심 속에서 외롭고 처절한 심정으로 기도해 나갈 때 한사람의 관심과 응원이 이렇게 눈물겹도록 고마울 줄 몰랐다.

잠깐 생각해보니 주지로 있는 동안 나에게 생의 고달픔을 위로받고, 응원과 격려를 받고자 절을 찾아온 분들에게 몹시 교만한 자세로 신도님들을 대한 게 아닌가 싶다. 그리하여 지금 그 과보를 받고 있는 것 같다. 지난날 나 때문에 마음의 상처를 받고 갔을 신도님들을 위해 순례기간동안 마음 깊이 참회해야겠다.

포항을 지나 기계면에 도착할 때쯤 길을 지나는 한 출가 승려와 잠깐 눈이 마주쳤다. 낯선 길 위에서 나와 같은 출가자를 만나니 반가운 마음에 눈인사를 건넸다. 하지만 그는 인상을 찡그리며 못 본 채 고개를 돌려버렸다. 순간 혹 내가 저러했을까 하는 생각이 들었다. 나도 교만하게 아상에 빠져 살았던 때가 분명 있었을 것이다. 내 기분에 맞지 않으면 벌레 씹은 표정으로 거만함과 불쾌함을 여실히 나타내었던 때가 한두 번인가. 오늘 나 자신을 본 것이다. 부끄럽고 창피하다. 승려로서 겸손하지 않게 살아온 나를 돌아보게 만든 이 귀하디귀한 십보일배의 시간이 참으로 고맙다.
어느 자리에서든 자비로운 눈빛과 언행으로 모든 분들을 위해 살아가고자 다시 한 번 다짐해본다. 지금 내가 느끼고 있는 이 순간, 이 마음, 이 생각이 항상 하기만을 부처님께 엎드려 발원한다. 나무 관세음보살마하살!

가슴이
뜨거워지다

12일째 ⋯ 구월 십이일 / 금요일   날씨 : 약간 흐림(20km)

첫 텐트생활이라 불편한 잠자리를 보냈다. 어제 저녁 잠자리에 들기 전만 해도 흐르는 냇물소리를 들으며 밤하늘의 별도 보고, 어릴 적 한여름 냇가에서 물장구치며 지냈던 스님들의 유년시절 이야기도 들으며 낭만적인 시간을 보낼 상상으로 마음이 설레었다. 하지만 잠자리는 낭만과는 거리가 멀었다. 땅바닥의 냉기가 올라와 몸이 천근만근 무거워졌다. 몸을 일으키는데 온 마디마디가 쑤시고 아프다. 특히 발가락의 통증이 심하다. 그러나 첫출발은 항상 내가 먼저 시작해야 한다.

오늘따라 온갖 망상들이 내 머릿속을 휘몰아치고 어지럽게 만든다. 지난 날 나의 허물과 망언, 폭언 등등 내 머릿속에서 지워진 게 하나도 없었다. 아득히 먼 옛날의 티끌 같은 실수까지 고스란히 되살아났다. 나는 그 모든 것을 감추고 살았던 것이다.

결국 절을 하다 아무도 없는 곳에서 흐느껴 울었다. 눈물이 내 무릎과 발밑으로 뚝뚝 떨어진다. 땅바닥의 돌로 내 머리를 내려치고 싶은 충동마저 일어난다. 내가 했던 말과 내가 저지른 행동들이 얼마나 어리석고 부끄럽고 수치스러운지!

이 순간 어머니가 너무 보고 싶다. 항상 실수가 많은 나에게 "괜찮다. 사람이 그럴 수도 있지. 너의 실수를 부처님께 참회하면 모든 죄업을 용서해주실 거야. 너는 사람들을 제도하기 위해 태어난, 부처님이 내게 보내주신 귀한 선물이다. 나에겐 세상 무엇과도 바꿀 수 없는 보물이란다. 낙심하지 말고 두려워하지 말라." 며 위로해 주시던 어머니. 이제는 출가수행자가 된 내 어머니 법장스님, 그분의 손길과 목소리가 사무치게 그립다.

어머니는 어릴 적부터 출가에 깊은 뜻을 가지고 계셨다. 하지만 스님을 천박하게 여기던 시절 탓도 있거니와, 외할아버지가 당시에 면 서기를 지낸 나름대로 마을에서 이름 있는 집안이라 어머니의 출가는 당치도 않은 이야기였다. 출가에 대한 갈증을 풀기 위해 몰래 집에서 나와 절에 숨으면 외할아버지는 어떤 방법으로든 어머니를 찾아내셨다. 그런 일이 두어 번이나 있었다.

아버지는 평양대학까지 다닌 엘리트였지만 어머니는 결혼에 뜻이 없었다. 그러다 마지못해 결혼을 하게 되었으니 그리 편한 결혼생활은 아니었다. 항상 당신의 마음속에는 부처님 전에 기도하며 새벽예불을 올리는 출가자의 꿈이 살아있었던 것이다.

어머니는 5남매 중 막내인 내가 어머니의 평생소원인 스님의 길을 대신 가주기를 바라셨다. 하지만 나는 그런 운명이 너무 싫었다. 어릴 적에는 성당에서 배운 기도문을 어머니 옆에서 큰소리로 외며 반항도 많이 했다. 그러나 결국 열여섯 살이 되던 해

운명처럼 절에 들어가게 되었다. 곧바로 어머니는 범어사 대성암으로 출가를 하셨다. 하지만 30년간 중풍과 디스크를 앓고 계신 아버지를 보필하기 위해 다시 세속으로 발길을 돌려야만 했다. 전생의 업보인 가족을 끝까지 책임지고 이 생에서 원망 없는 회향을 하시겠다며 가난하고 궁핍해진 삶의 무게를 다시 안으셨다. 어머니는 결국 부처님은 우리의 삶과 마음속에 항상 계심을 말씀하시고, 자비로운 마음으로 고난의 삶을 선택했던 것이다. 몸소 보여주신 관세음보살의 행이었다. 아마도 어머니는 지금 청도 토굴에서 연로하신 몸으로 나의 기도가 원만회향 하기를 바라며 기도하고 계실 것이다. 문득, 눈앞에 펼쳐진 푸른 산은 어머니의 품처럼 아늑하고 흰 구름은 어머니의 손길처럼 부드럽게 다가온다.

점심공양 전 불광사 신도님들이 천도재를 준비해서 우리를 찾아왔다. 보고 싶었던 얼굴들이라 가슴이 뭉클했다. 최유선 보살, 영자보살, 일심행 회장님, 반야심, 관음월, 천진성, 혜명심 보살님이 천도재 공양물 외에도 시간을 내어 여러 가지 밑반찬과 먹거리를 정성껏 준비했다. 오래간만에 입과 배가 호강한다. 길 위에서 일체중생 유주무주 고혼들을 위한 천도재를 정성스럽게 올리니 경치 좋은 곳이 바로 대법당이 되었다. 감동스럽다! 외로운 혼령들이 기쁨의 춤을 추고 우리들에게 감사의 절을 한 뒤 저 세계로 떠나갔다고 믿는다.

오후 1시쯤 신도님들의 배웅을 뒤로하고 다시 절을 하며 순례길에 올랐다. 뒤를 돌아볼 때마다 신도님들이 한참 동안이나 손을 흔들고 있었다. 고마움에 가슴이 저려온다. 오늘은 하루 전체가 감동의 순간이다. 가피의 하루이며 내 가슴이 뜨거워지는 하루이며 내가 승려임을 깨닫는 하루였다.

길위의 64일

사과의 달콤한 유혹

13일째 ··· 구월 십삼일 / 토요일 날씨 : 흐리고, 맑고, 비도 오고(13km)

죽장면 계곡 옆에서 하루 더 텐트숙박을 하고 이른 아침부터 눈을 부비며 출발했다. 옅은 안개에 싸인 국도를 따라 천천히 절을 하며 앞으로 나아갔다. 길이 좁은 데다 토요일이라 그런지 차량통행이 많고 위험하다. 그래서 열 걸음 뒤엔 습관처럼 뒤를 돌아보며 차가 지나간 뒤 조심히 절을 했다.

이른 아침부터 과수원 농장 주인이 이리 뛰고 저리 뛰며, 까마귀 떼를 쫓기 위해 공포탄을 쏘아대고 있다. 한 번의 공포탄 소리에 까마귀들은 대응하듯 두 번의 울음소리를 낸다.
깍~깍~!
한 시간 가까이 공포탄이 울리고 까마귀 떼들도 두 번씩만 운다. 까마귀들이 사과농장 주인을 그렇게 놀리고 있었다. 신기할 정도로 영악한 놈들이다. 시트콤 같은 장면이라 우스우면서도 속이 상한 농장주인의 심사가 헤아려진다. 사과는 하루가 다르게 탐스럽게 영글고 있다. 당장이라도 한 개 따서 한입 베어 먹고 싶었다. 생각만으로도 입안에 침이 고이며 달콤하고 싱그러운 맛이 전달된다.

구름은 가을 햇빛을 차양처럼 가려주고, 논에서는 콩과 깻잎 등의 작물이 짙푸르게 무성하다. 작은 돌배처럼 생긴 호두나무도 처음으로 보았는데, 도시에서 자란 나로서는 모든 것이 신기하기만 했다.

붉게 익어가는 사과의 유혹을 끝내 이기지 못하고 마을사람들이 파는 사과를 사 먹었다. 정말 맛있다. 평소 절에서 먹던 사과와는 맛이 다르다. 그야말로 꿀맛이다. 역시 음식은 고생 끝에 먹어야 제 맛이 나는가보다. 몇 개 넣어 두었다가 나중에 지치면 하나 먹고, 그러다 또 지치면 상으로 하나 더 먹어야겠다.

철부지 같은 기분으로 헤죽거릴 때 갑자기 비구름이 몰려오더니 급기야 비가 내리기 시작했다. 그리 많이 오지는 않았지만 우수에 찬 가을비다. 어제 저녁 셋이 모여 앉아 돌아가면서 한 가지씩 발원기도를 했는데, 자중스님은 비가 내리길 원했다. 오늘 그 기도가 그대로 적중했다. 나는 비가 내리는 것을 그다지 원하지 않았지만, 빗속에서 절을 하면 나름대로 낭만적일 것 같아 보였다. 자칭 낭만파 자중스님이 절을 이어나갈 순서를 바꾸자고 제안했으나, 난 일고의 여지도 없이 간단히 거절했다. 자중스님이 그런 나를 웃으며 째려본다. 잠시 내린 가을비는 마음속의 응어리를 씻어줄 것이다. 두 스님의 눈가에 어린 번뇌도 씻어버릴 것이고, 논밭의 작물들에게는 더욱 짙고 농후한 색깔을 선물할 것이다.

56.

길위의 64일

점심공양 때 쯤 구미에서 자중스님의 신도 분들이 깜짝 방문하였다. 맛있는 반찬과 송이밥으로 어제에 이어 또 한 번 입이 호강한다. 살찔 것 같다.

오늘은 오후 일정을 쉬기로 했다. 자중스님과 좀 더 머물고 싶어 하는 신도 분들의 마음을 헤아려 주고 싶었다. 향긋한 사과가 붉게 익어가는 청송 가는 길목에서 소풍 나온 기분을 오늘만 만끽하자! 대신, 내일부터 3일간은 초강행군이다.

보현보살, 대세지보살

14일째 … 구월 십사일 / 일요일   날씨 : 짙은 안개 후 맑음 (20km)

신도 분들의 특별한 배려로 뜻하지 않게 청송자연휴양림에서 편안하게 숙박했다. 텐트에서 자던 것에 비하면 여기는 궁전이다. 넓고 아늑한 방, 따뜻한 물이 있으니 마음까지 여유롭고 넉넉해진다.

충분한 휴식 때문인지 아침 6시 출발이 전혀 힘들지 않다. 그런데 역시 남쪽 지역과는 날씨가 다르다. 아침 공기가 차다. 게다가 높은 지대 탓인지 짙은 안개가 시야를 제한해 전방 10m정도 밖에 보이지 않는다.

자중스님이 선두 출발을 자청해서, 내가 교통안전봉을 잡고 뒤를 살피며 따라갔다. 현동면의 하얀 안개장막은 이방인들에게 아름다운 경치를 보여주기 싫은 듯 한참을 지나도 걷힐 줄 모른다. 저 멀리 안개 속에 서 있는 소나무 군락은 흐린 날의 송광사 송림길을 연상시켜 마치 그곳을 걷고 있는 기분이다.

출발한 지 1시간이 지날 무렵, 자중스님이 고통을 호소하며 쓰러졌다. 다리에 쥐가 난 모양이었다. 깜짝 놀랐지만, 석광스님은 침착하고 능숙한 솜씨로 자중스님의 경직된 다리를 응급조치했다. 걱정이 깊으면 때로 감정이 앞서는 법, 다리가 아프면 말을 하고 쉴 것이지 왜 무리를 하냐고 다그쳐 물었다.

사실 며칠 전부터 내 무릎 상태가 좋지 않아 파스를 붙이고 있었는데, 얼마나 아픈지 나도 모르게 신음소리를 냈나보다. 그 모습을 지켜보았던 자중스님이 내가 걱정이 돼 선두에서 출발했다는 것이다. 자중스님도 컨디션이 좋지 않은데 나를 배려하는 마음으로 서둘러 출발한 것이다. 자신의 몸을 돌보는 것보다 남을 먼저 생각하는 보살 같은 마음, 코끝이 찡하다.

건강에 아무 이상이 없다던 석광스님도 아직 무릎이 다 낫지 않았다. 피부가 벗겨져 상처가 난 무릎이 다 아물기도 전에 절을 계속하니 물집과 상처가 덧나 잘 낫지 않는다는 것이다. 나는 또 왜 진작 말하지 않았냐고 다그쳐 묻는 것밖에 할 것이 없었다. 무릎 상처가 덧나 아픈 것을 알게 되면 걱정스런 마음에 석광스님 몫까지 더 열심히 절을 할 것이고, 그렇게 되면 내 무릎은 더 나빠질 것이 자명하기 때문에 다 나았다고 거짓말을 했단다.

아! 내가 무엇을 찾아 이 길 위에 엎드려 있나? 이미 보현보살과 대세지보살이 바로 옆에서 같이 자고, 함께 밥 먹고, 고행을 나누고 있었는데. 가슴이 먹먹해진다. 이미 나는 기도를 떠나기 전 어머니의 몸을 보인 관세음보살과 나에게 큰 힘이 되어 주는 자중, 석광 두 보살들과 함께 하고 있었다. 그러나 나는 어리석게도 탱화 속처럼 화려한 모습을 갖춘 보살을 기다리고 있었다. 나는 정녕 가장 평범하고 낮은 곳에서 화

길위의 64일

려하지 않은 모습으로 불보살님들이 나타남을 알지 못했단 말인가. 자리를 피해 보이지 않게 콧물과 눈물을 훌쩍였다. 기도하는 시간이 지나면 지날수록 불보살님들이 천변만화의 모습으로 나타나신다. 때론 바위 속에서, 길가의 들꽃으로도, 안개 속에서 장승처럼 서 있는 나무로도, 또는 바람으로 나를 쓰다듬으며 비켜갔다. 하지만 어리석고 멍청한 나는 그때마다 놓치고 보지 못했다. 이제야 이런 순간에나 겨우 알 수 있으니, 언제쯤 불보살님의 진실한 자비를 항상 가까이서 보고 느끼고 만질 수 있으려나.

상황이 좋지 않은 것 같아 오늘은 그만 하는 게 어떠냐고 물었더니, 어제 오후에 쉬느라 공백이 생긴 만큼 일정대로 가고 싶다며 두 스님 모두 고집을 부린다. 칭찬해야 하는지 야단을 쳐야 하는지, 더 이상 막을 수가 없다. 절뚝거리며 걸어가는 두 스님들의 뒷모습만 바라보며, 관세음보살을 되새기고 입술을 깨문다.

보광스님

꽃이 전하는 말

오늘도 오전 6시 전에 시작했다. 이틀간 초강행군이다. 내일은 하루 쉬는 일정이라 오늘은 단단히 작정을 하고 강행군에 돌입했다. 그런데, 오늘따라 여러 가지 마음 쓰이는 일들이 일어났다. 자중스님의 허리가 삐끗했다. 급하게 허리 마사지를 하고 파스를 붙인 뒤 쉬게 했다. 자중스님은 미안한 마음에 구부정한 허리로 짐을 실은 차량 운전과 식사 뒷받침을 해주겠다며 고집을 부린다. 이제는 더 이상 말리지 않기로 했다. 그저 석광스님과 내가 좀 더 분발하기로 했다.

한참을 숨이 차도록 절을 하다가 내가 엉뚱한 길로 들어가 버린 것을 뒤늦게 알게 됐다. 차량이 2km씩 미리 앞서 가 있기로 한 상태였는데 아무리 기다려도 오지 않자 석광스님이 발을 동동 구르며 나를 찾아 한참이나 돌아다닌 모양이다. 나를 보자 화를 내지도 못하고 짜증 섞인 한숨만 토해낸다. 혹 사고라도 났나싶어 많이 불안했다고 한다. 미안한 마음에 꿀 먹은 거북이 마냥 머리를 움츠리고 땅만 쳐다봤다. 거우 변명을 한다는 게 '난 타고난 길치라서 어쩔 수 없다' 라는 말이다. 길이라고는 하나뿐인데 어떻게 길을 잃어버릴 수 있냐며 석광스님의 한숨이 되돌아온다. 할 말 없다. 나도 참 타고난 사오정이다.

미안하고 부끄러운 마음도 잠시, 길가에 피어있는 이름 모를 아름다운 꽃들에 넋이 빼앗겨 황홀감에 젖었다. 절을 하다 말고 꽃향기를 맡고, 쓰다듬으며 호사를 누린다. 너무 예뻐서 감히 꺾지도 못하겠다. 쭈그려 앉아 아름다움을 찬양하며 꽃들과 이야기도 나누었다. 얼마 만에 느끼는 순수한 감정이던가, 꽃과 대화도 나눌 수 있다니! 불현듯 온갖 법회를 벌이고 남보다 더 나아지고 칭찬받기 위해 정신없이 보낸 시간들이 생각난다. 그때의 내가 지금 길가에 서 있는 꽃보다 못하다는 생각이 든다. 바람이 경책을 한다.

"그걸 이제 알았니?"

정말로 난 무엇을 하고 있었던가? 이제 나 스스로 이 물음에 대한 대답을 찾고, 부처님의 품속에서 나를 내려놓고자 노력하며 발걸음을 재촉할 것이다. 경전구절이 생각난다.

첩첩싸인 푸른산은 부처님의 도량이요,
푸른하늘 흰구름은 부처님의 발자취며
뭇생명의 노랫소리는 부처님의 설법이라.
허공속의 고요함은 부처님의 마음이네!

특별하고 소중한 그대

16일째 … 구월 십육일 / 화요일 날씨 : 맑음 (7km)

산골짜기 따라 피어있는 짙은 아침안개 속에서 풀벌레가 나지막이 울고 있다. 가을 숲속에서 작은 음악회를 베푼 이는 산새들. 소리가 나지 않게 천천히 발걸음을 옮길 때마다 풀벌레도 박자 맞추어 소리를 내는 것이 마치 내 발이 지휘자의 지휘봉 같다. 눈을 감고 깊이 숨을 들이마시며 숲속의 정령들이 연주하는 자연의 교향곡을 만끽했다.

아침 산책 후 숙소에 돌아와 보니 자중스님의 아픈 허리는 전날과 똑같다. 석광스님이 근심스런 표정으로 아침식사를 준비하고 있다. 상처를 감싼 무릎의 테이프는 여전히 떨어질 줄 모른다. 어쩌나, 아직 한참이나 남았는데….
4개월 전, 이번 기도 순례를 결심하고 급하게 기도동참자를 구하려고 했다. 그러나 스님들마다 바쁜 업무와 사정이 있는지라 도무지 동참자를 찾을 수 없었다. 고민 끝에 17년 전부터 인연이 있었던 석광스님을 찾아가 보기로 했다. 석광스님의 포교당이 부산 온천동에 있는데 큰 기대 없이 안부 겸 권유 겸 찾아갔던 것이다. 그런데 석광스님은 순례기도 이야기를 듣자마자 그 자리에서 바로 동참의향을 밝혔다. 70일 동안이나 포교당을 비워두다 망하면 어찌하냐고 묻자, 빙그레 웃는다. 자기는 망해도 망할 것이 없으니 걱정말라고 한다. 고마웠다. 귀한 인연이라 생각했다.

그러고 보니, 우리의 첫 인연은 통도사에서 시작되었다. 17년 전 나는 통도사에서 원주소임을 보고 있었고 석광스님은 승려가 되기 위해 준비 중인 행자였다. 평소 과묵하여 말이 없고 성실근면한 행자라 좋은 승려가 될 것이라 믿어 의심치 않았다. 하지만 승려수계식 2주를 남겨놓고 홀연히 소식도 없이 사라져버렸다. 안타깝고 아쉬웠지만 무슨 말 못할 사연이 있으려니 하며 잊어버렸다.

몇 년 뒤 석광스님의 모친을 우연히 만나 근황과 수계를 포기한 사정을 들을 수 있었다. 출가하기 전에 겪은 억울한 일이 석광스님의 발목을 잡았던 것이다.

석광스님이 탄 차가 한밤중 도로에서 차량충돌 사고에 휘말렸다. 상대 차 운전자와 석광스님이 실랑이를 벌이며 말다툼하다 완고한 성격의 석광스님이 차를 몰고 그 자리를 떠나버렸다. 여기에 앙심을 품은 상대운전자가 석광스님을 뺑소니 범으로 신고해 버렸다. 다치지도 않은 상대운전자가 부상당했다는 가짜 진단서까지 제출하니 꼼짝없이 뒤집어 쓸 판이었다. 1차 판결에서 뺑소니 범으로 10개월에 집행유예 2년을 선고 받았다. 억울함을 호소했지만 석광스님의 누명을 풀 방법이 없었다. 할 수 없이 합의하고 집행유예로 나올 수밖에 없었다고 했다. 그러다 출가하기 위해 통도사에

행자로 들어왔고 11개월 동안 열심히 생활했다. 그러나 전과기록이 있으면 승려수계를 받을 수 없다는 사실을 수계 받기 2주 전에 알게 된 것이다. 극심한 마음의 상처를 안은 채 통도사를 떠난 석광스님은 폐인마냥 몇 년 간 세월을 보냈다. 그렇게 세월이 가고 또 가도 석광스님은 출가에 대한 뜻을 버릴 수 없었다. 다시 마음을 다잡고 태고종단을 찾아갔지만 그곳에서도 수계를 받을 수 없다는 말뿐이었다. 그리하여 어쩔 수 없이 군소종단 승려가 될 수밖에 없었다. 이런 가운데 모든 것을 뒤로 하고 순례 기도에 두말없이 동참한 것이다.

이번 순례기도를 마치면 조계종 총무원장 스님이라도 만나고 싶은 심정이다. 열심히 노력하고 애쓰다보면 조계종의 정식 승려가 될 수 있는 길이 있을지도 모른다. 그렇지 않으면 나와 함께 불광사에서 평생을 기도하는 스님으로 살아가자고 권해볼까 한다. 우리 셋 중 가장 나이가 많은 스님인데다, 성실히 수행정진하며 묵묵히 우리의 손을 맞잡아주는 스님이기에 나에겐 특별하고 소중한 인연이다. 이것 또한 전생부터 지어진 인연이리라. 이번 기도를 통해 석광스님이 새로운 기운을 마음에 가득 담아 승려의 길을 힘차게 걸어가길 빌 뿐이다. 석광스님은 말한다. 이번 기도는 가슴깊이 새겨진 아픔을 씻어버리고 자기 자신을 용서하는 마지막 시간이며, 지금 이 순간순간이 인생에서 가장 행복한 나날이라고. 가슴 깊이 진심을 담을 말에 가슴이 짠해진다.

부처님! 듣고 보고 계신지요? 우리들은 엎드려 발원합니다. 이 간절한 마음을 불쌍히 여기시어 저희들이 엎드리는 정성을 공양으로 받으시고 저희들의 소원 이루게 해주옵소서! 나무아미타불 관세음보살!

비, 업장

영양읍을 향해 출발했다. 아침부터 날이 어둑해지더니 얼마가지 않아 비가 퍼붓기 시작한다. 할 수 없이 순례를 중단하고 급히 근처 숙소를 찾아 입암면에 들어섰다. 어제 하루를 잘 쉰 만큼 몸이 무거워졌는지 갑작스럽게 피로가 몰려온다. 몸에 한기도 들고 비에 젖은 옷가지를 말리기 위해 서둘러 숙소에 들어갔다.

방에다 이리저리 젖은 옷을 늘어놓은 뒤 그 틈새에 옷가지랑 늘어져 있으니 모두들 모양새가 말이 아니다. 그래도 얼굴 표정은 밝다. 오늘 비가 우리들의 업장을 녹이는 것 같다며 좋아한다. 그럼 다시 나가서 아주 업을 싹 씻어내자는 둥, 업장이 사라져 너무 깨끗하면 오히려 마음에 아상이 높아진다는 둥, 이 정도면 되었다는 둥 주고받는 농담이 유쾌하다.

대견스럽다. 편한 생활을 잠시 접고 인적 드문 시골에서 비가 오는 창밖을 보며 지나온 자신들의 삶을 참회하고, 업장이 녹았느니 안 녹았느니 하며 웃고 있으니.
몸은 늙어가고 있는데 마음만은 동자승의 그것과 닮아 있어 순수한 모습이 여지없이
철없는 아이처럼 보인다. 기도를 마친 뒤 다시 제자리로 돌아가면 오늘 우리들의 모
습들이 몹시 그리워질 것 같다.

보광스님

중도의 길

어제의 비가 세상을 맑게 씻어버렸는지 코끝에 맺히는 공기가 시원하고 상큼하다.
사과 밭에서는 이른 아침부터 작업으로 분주하다. 날이 밝기 전부터 이곳저곳 각자
의 자리에서 빠쁘게 하루를 연다. 역시 시골생활은 부지런해야 한다.

영양읍으로 가는 길은 1차선 지방도로라 절을 하면서도 뒤에 달려오는 차량에 신경
이 많이 쓰인다. 한참을 가다보니 반대차선 중앙에 작은 바위만한 돌이 떨어져 있다.
승용차 한 대가 급하게 차를 세우는 듯 하더니 겨우 피해나갔다. 대형사고가 생길 뻔
한 아찔한 장면이었다. 절을 멈추고 반대편 차선으로 건너가 갓길로 돌을 굴려 보냈
다. 아마도 공사장 트럭에서 떨어진 돌이 아닌가 싶다. 오는 도중 내내 이곳저곳이
공사로 번잡했기 때문이다.

날씨도 덥지 않으니 절을 하는 기분이 최고다. 오늘은 두 번째로 불광사 신도님들이 부산에서 먼 길을 달려 우리를 찾아왔다. 간단한 밑반찬과 천도재를 지낼 과일, 나물 등을 준비해서 왔다. 정성스럽게 불공과 천도재를 지내고 맛있는 음식으로 풍성한 점심을 먹을 수 있었다. 자중스님의 허리를 교정해 주기 위해 일부러 시간을 쪼개어 부산에서 백송화 보살님도 왔다. 참으로 고맙고 다행스럽다. 엊그제 진보면 한의원에서 침과 간단한 치료를 받았지만 큰 차도가 없었다. 사정이 그러하니 보살님의 방문이 그저 고마울 따름이다.

이제 무리한 행군은 자제해야겠다. 자중스님 뿐만 아니라 우리 모두에게도 지나친 행보는 올바른 기도가 아닌 듯하다. 기도하면서 서로 경쟁이나 하듯이 강행군을 치켜세웠다. 이런 마음과 행동이 건강마저 해치며 장애를 만들어 버린 것이다. 중도(中道)! 항상 덜하지 않고 더하지도 않는 생각으로 지혜롭게 닦아 이루어 나가야했는데 어리석은 기도를 해나갔다. 남보다 잘해야 한다는 치졸한 자존심을 부끄러이 참회하며 못난 내 머리만 쓱쓱 매만진다.

길위의 64일

수행자의 계절

도로 옆 개천을 따라 짙은 안개가 끼어 있다. 기온 차 때문이리라. 얼마 전까지만 해도 안개가 신비감 때문에 좋았으나 이제는 큰 장애가 되었다. 가시거리가 짧아서 절을 하는 동안 도로를 지나는 차량에 늘 신경을 써야하기 때문이다. 영양에서 현동을 지나 태백으로 가는 길은 유난히 좁아 더 걱정이다.

도로 옆에 차를 세워두고 양봉을 하는 분이 계셨는데 소리 없이 절하고 있는 우리를 보고 흠칫 놀랬는지 나를 향해 연무기를 쏜다. 하긴 짙은 안개 속에서 절을 하고 있는 내가 정상으로 보일리가 없지! 놀라게 해서 죄송하다는 인사를 드리고 몇 걸음 지나 뒤를 돌아보니 어이없어하는 표정이 역력하다.

보광스님   .73

1차선 도로라 갓길이 없다. 이런 상황에서 절을 하려면 도로 뒤에서 달려오는 차를 잘 살펴야 한다. 계속해서 뒤를 돌아보며 절을 하자니 너무 힘들다. 생사를 왔다 갔다 하는 기분이다. 위험하다는 생각에 도로 차단막 옆 풀숲에서 절을 하는 게 낫다싶어 풀 위에서 절을 하기 시작했다. 온갖 쓰레기가 풀숲에 숨어있긴 했지만 그래도 괜찮다. 그런데, 잠시 한눈파는 사이 생사보다 더한 대형사고(?)를 칠 뻔 했다. 누군가 풀 위에 볼일을 본 것이다! 엎드려 있는 내 얼굴과는 단 7cm 앞. 정말, 확 깨는 심정이다. 아마 화두를 잡았으면 순간 타파했을지도!!!

차 다니는 도로나 갓길 모두 다 위험하기는 마찬가지다. 그저 발밑을 잘 보며 지나가는 수밖에 방법이 없다. 현동을 향해 한참가다 보니 그야말로 눈이 시원해지는 경치가 나온다. 그리 높지 않은 붉은 벽에 군데군데 아슬아슬하게 자리 잡고 있는 푸른 나무들, 그 밑으로 맑은 개천이 길게 허리를 비틀며 졸졸 소리 내어 흐르고 있다. 세상만사 시름이 다 날아갈 것 같은 풍경이다. 저 적벽 위 송림 사이에 정자 하나쯤 아니, 그냥 초막만 치고 살아도 그냥 신선이요 도인이리라!

잘 익어가는 벼이삭, 빨갛게 영그는 사과, 붉은 벼슬을 드러낸 인삼밭, 모두 가을의 잔치를 준비 중이다. 부산을 떠나온 우리들도 가을의 잔치에 참석하기 위해 부지런히 발걸음을 재촉하고 있다. 늦여름의 뜨거운 햇살을 흉내 내는 가을 햇빛을 받으며 나 혼자만 아는 미묘한 미소로 나는 걷고 절을 한다.
세 명 다 가을을 닮아간다. 얼굴이 검붉게 익어가고, 웃는 모습도 깊게 익어가며 틈만 나면 사색에 잠긴다. 가을빛을 받은 갈대처럼 석광스님의 머리카락과 수염도 희게 변해간다. 가을의 스님들, 수행자의 계절이라 해도 좋을 것 같다.

왕생가 한 가락

앞으로 나아가면 갈수록 산도 깊어진다. 사람들의 발길이 잘 닿지 않은 산들은 병풍
처럼 우리를 에워싸고 행보를 지켜보는 듯하다. 오늘은 차도 거의 다니지 않는다. 행
운이 깃든 날이다. 잠시 뒤를 돌아보니 아스팔트 위에 가을 아지랑이가 피어오르고
저 멀리서 신기루처럼 나 자신이 절을 하며 다가오는 것 같다. 이 길을 지나온 나의
환영이다. 안쓰럽기도 하고 다행스러워 보이기도 한다. 이런 순례의 시간이 없다면
언제쯤 나를 돌이켜 볼 수 있으랴!

오늘따라 고갯길을 넘으려니 힘에 부친다. 이럴 때는 왕생가가 으뜸이다. 첩첩산중
미타굴 나무아미타불, 창해망망 적멸궁 나무아미타불, 염도념처 무량궁 나무아미타
불⋯⋯. 왕생가를 신명나게 부르다보니 흥이 나서 어깨도 들썩이고 두 무릎도 따라

서 신이 난다. 보이는 모든 만물이 아미타불이요 푸른 극락세계이다. 계곡의 나무들도 바람 따라 나무아미타불, 숲속에 몸을 숨긴 산새들도 나무아미타불, 모든 생명들이 흥에 겨워 춤을 추고 있다. 혼자 힘겨워하던 순례여행자가 이곳에 극락전 염불단을 모시고 춤을 추고 노래를 부르니 오늘 지나면 언제 이곳에서 다시 한 번 노닐 수 있으려나! 혼자 환희로운 상념에 빠져서 흥얼거리다 기도를 마친다. 오늘 하루 극락에서 잘 놀았다.

오늘 밤에는 녹차 한 잔 끓여 놓고 밤하늘의 무수한 별들을 이불삼아 나에게 말하고 싶다. 보광! 모든 생각 내려놓고 향기로운 이 차나 한 잔 하시게나.

길에서 만난 인연

21일째 ⋯ 구월 이십일일 / 일요일 날씨 : 맑음(11km)

몸을 추스르고 방문을 여니 차가운 공기가 아침문안 인사를 한다. 미지근한 햇반에 인스턴트 우거지국과 신 김치, 무말랭이로 산골 수행자 같은 담박한 아침식사를 마쳤다. 이것도 이제 일상이 되어 인스턴트 음식의 갖가지 맛을 음미하며 맛있게 공양을 즐기는 지경이 되었다.

오늘은 절을 하는데 마치 산책을 나온 것 같다. 무릎 아픈 시골 노인이 한가로이 산책을 나온 것처럼 마음이 편안하고 여유롭다. 산새들도 울음을 멈춘 고요한 아침, 매일 보는 산과 들판의 풍경이 오늘도 여전한데 식상한 느낌이 없다. 늘 새롭고 신선하다.

오늘 아침 어머니께 안부전화를 드렸다. 순례길에 오른 우리를 많이 걱정하고 계셨다. 뜬금없이 내가 물었다.

"스님. 아미타부처님이 입고 계신 옷이 무슨 색인지 아십니까?"

"……"

"짙푸름을 품은 초록색입니다."

"하하하. 이제 드디어 산을 볼 줄 아시는군요."

그랬다. 산에 살고 있되 산을 보지 못했고, 냇가에 물이 흘러도 그 흐름을 듣지 못했다. 무엇 때문에 이리 쉬운 이치를 알지 못했는지.

오늘은 청송에서 인연이 된 보살님의 소개로 생각지도 않은 천도재를 지내게 되었다. 천도재를 지낼 분은 경북 칠곡에 사는 거사님이었는데 십 수 년 째 알 수 없는 병으로 고생하고 있다는 것이다. 가족들도 무력감과 고통으로 힘든 나날을 보내고 있는 모양이었다.

거사님과 가족에게 불행이 찾아온 것은 십몇 년 전이었다. 거사님이 차를 운전하던 중 갑자기 머리에 전기충격을 받은 것 같은 고통과 통증이 지나갔다. 그날 이후 신체의 균형이 깨지고 누군가로부터 조종을 당하는 것 같은 정신적 불안감 때문에 일상생활이 어려워지기 시작했다. 여기저기 병원을 찾아 진료를 받아봤지만 뚜렷한 병명조차 알 수 없었다. 이런 생활이 지속되면서 급기야 아내와 어린 딸까지 심한 우울증과 무력감으로 생의 의지까지 상실해가고 있다고 하였다.

스님들과 의논한 끝에 천도재를 지내기로 했다. 순례를 떠날 때부터 온갖 일체 유주무주 중생을 위해 천도재를 베풀기로 했으니, 오늘의 결과도 어쩌면 필연일 수 있다는 의견이었다. 산새가 좋고 맑은 개천이 흐르는 명당을 찾아, 간단하지만 정성스레 준비한 공양물을 차리고 온 정성을 다해 천도재를 지냈다. 부모님의 권유에 못 이겨

억지로 동참한 어린 딸을 위해 부처님의 말씀도 전해 주었다. 괴로움을 이겨내기 위해서는 자괴감에 빠져 스스로를 비참하게 여기는 자신부터 용서하라고 말해 주었다. 저 산에 분노와 슬픔을 묻어버리고, 흘러가는 맑은 물에 자신이 못났다는 생각을 씻어 버리라고 일러주었다. 그리고 '나는 괜찮아, 나는 괜찮아, 정말 괜찮아. 그런 일이 있을 수도 있어' 라는 주문을 스스로에게 걸라고 했다. 천도재에 동참한 가족들의 눈에서 소리 없는 눈물이 떨어진다. 이렇게 조금씩 마음이 열리기 시작하면 분명 천도재는 잘 이루어질 것이다. 부모님과 어린 딸도 마음이 편안해 보인다. 천도재가 끝난 뒤 열심히 기도하는 것을 잊지 말라고 당부하며 떠나보냈다.

우리의 의무를 다한 것 같아 기분이 좋아진다. 게다가 수고비로 받은 한 끼의 조촐한 식사, 우리를 더욱 뿌듯하게 만들었다.

구름처럼 바람처럼 이 땅을 순례하며 만난 이들의 마음을 조금이나마 달래 줄 수 있었던 꿈같은 만행! 오늘 우리는 또 한 번 부처님 법을 작은 인연 속에 심었다. 앞으로 남아있는 순례길에서 또 어떤 인연을 만날지 기대 된다.

길위의 64일

목놓아 아버지를 부릅니다

22일째 … 구월 이십이일 / 월요일   날씨 : 맑음(11km)

큰 일교차 때문에 출발을 조금 늦추어 여유롭게 시작했다. 현동 방면 임기리를 지나고 있는데 팔순쯤 되어 보이는 노부부가 아침 일찍 어디로 가는지 나란히 길을 걷고 있다. 절을 하고 있는 나를 의아한 눈으로 쳐다보며 묻는다.

"누구시오? 스님이오?"

"네. 스님입니다. 지금 순례기도중 입니다."

"스님이 절간에 있어야지 왜 길에서 절을 하시오? 진짜 스님 맞소?"

뭐라고 대답하기 힘들다. 그냥 웃기만 할 뿐.

"아침부터 왜 이리 사서 고생이오? 무릎 다칩니다. 힘들게 이러지 마시고 차비 줄 테니 버스 타고 가시오."

작고 마른 노인의 깊게 패인 주름 사이로 웃음이 지나가는데 금니가 유난히 반짝였다. 자식을 염려하듯이 무릎 다칠까 걱정하며 차비까지 주려고 하신다. 연로한 모습을 가진 애기 부처님들이다.

두 분과 헤어진 뒤 절을 하는 내내 17년 전에 돌아가신 아버지의 모습이 가슴 아리게 생각났다. 아버지도 그렇게 하셨지. 오늘은 비가 오니 학교까지 걸어가지 말고 버스 타고 가거라. 아버지의 어금니도 금 보철이었는데. 눈물이 왈칵 쏟아졌다.

아버지…. 생전의 모습이 아득하다. 나는 어릴 적부터 아버지를 미워하고 원망했다. 성인이 되고나서도 일부러 아버지를 잊은 채 살려고 했다. 아버지는 북한이 고향인데 전쟁 때 할아버지와 작은아버지 등 6명의 남자들만 대동강을 건너 남한으로 내려왔다. 아버지는 이렇게 외로움과 슬픔을 안은 채 평생을 중풍과 허리디스크, 고혈압 등 병마에 시달렸다. 여기에다 아픈 몸을 달래려고 술로 세월을 보냈는데 알콜 중독이셨던 아버지는 술만 드시면 나와 형제들에게 매질을 했다. 어쩌면 이런 아버지가 너무 미워 도망치듯이 절에 들어 간 것인지도 모르겠다.

출가하고 난 뒤에는 가족에 대한 모든 생각을 버리려고 애썼다. 내가 출가하자 어머니도 곧바로 출가를 하셨지만 아버지의 병수발을 위해 다시 세속의 고통을 짊어지셨다. 그런 모습을 보며 아버지에 대한 원망이 더 깊어졌다. 그러던 중 세월이 흘러 통도사 원주 소임을 살 때 아버지의 부름을 받았다.

어렵사리 집 문턱을 넘어 아버지를 뵈었던 날, 나는 그날을 잊지 못한다. 수척하고 메마른 아버지는 설명할 수 없는 슬픈 눈빛으로 나에게 손을 내밀었다. 그리고 힘겹게 더듬거리며 내게 말씀하셨다.

"나를 용서해주겠니? 아들아."

그때, 31년간 가슴에 지고 살았던 시퍼런 멍이 와르르 무너져 내렸다. 말 한마디 못하고 어머니와 함께 세 사람이 손을 잡고 목이 터져라 울었다.

17년 전 이미 떠나버린 아버지이지만, 지금 이 길 위에서 아버지께 대답하고 싶다. "용서라뇨! 당치도 않습니다. 부모가 자식에게 용서를 구하다뇨. 얼토당토 않는 말씀입니다. 아버지, 도리어 저를 용서해 주시겠습니까? 너무 오래 걸렸습니다. 17년이 걸렸네요. 이 몹쓸 아들놈을 용서해주십시오." 길 위에 엎드려 대답 없는 아버지를 한없이 부르며 울었다. 산새들도 울고 바람도 산도 지나가는 차들도 나와 함께 울었다.
뒤늦었지만 내 마음과 기억 속에 아버지의 위패를 깊이 새겼다. 한 번도 마음을 담아 새기지 못했던 진짜 위패를 오늘부터 모시는 것이다. 그리고 매순간 참회와 눈물로써 용서를 빌며 순례가 끝나는 날까지 아버지와 함께 여행을 할 것이다. 오늘 아침 길 위에서 만난 두 노인은 나의 죄업을 알려주기 위해 나타나신 보살들이었다.
'아버지. 세상구경 하는 거 좋아하셨죠? 저와 함께 가을이 가득한 이곳을 함께 가지 않으시렵니까? 아버지, 제가 업어드리겠습니다. 제 등에 오르세요. 저와 함께 남은 순례기간 동안 이 아름다운 산천을 구경하세요.'

기도를 마칠 때쯤 자중스님이 묻는다. 왜 그러세요? 왜 눈이 젖어있습니까? 나는 오랫동안 묻어두었던 이야기를 꺼냈다. 이야기가 끝나자 두 스님들도 내가 절을 하며 오는 동안 돌아가신 아버지들의 이야기를 하고 있었다고 한다. 같은 시간 우리는 같은 생각을 하고 있었다. 모두의 눈가에 눈물이 맺힌다. 그리고 말없이 눈빛으로 서로를 달래어 준다.

보광스님

여여한 맛
고요한 맛

23일째 ··· 구월 이십삼일 / 화요일 날씨 : 매우 맑음(11km)
—

일정을 점검해보니 남아 있는 거리에 비해 시간이 제법 많이 남는다. 시작할 때부터 강행군을 한 데다 스님들이 신심이 넘쳐 너무 열심히 절을 한 까닭이다. 신도님들과 약속한 시간을 맞추려면 부득이 천천히 조금씩 갈 수밖에 없다. 덕분에 바쁘지 않게 이곳저곳을 두루 눈으로 살피기도 하고, 절하면서 나를 찾는 명상의 시간도 가질 수 있어 즐겁다.

느리게 걸으며 모든 생각을 놓아 버리고, 천천히 절하며 나를 잊어버린다. 아주 짧은 순간이지만 모든 것이 고요해진다. 고속으로 질주하는 차들이 내는 소음 속에 고요함이 있다.

계곡 옆 민가 앞에 나무장승이 큰 소리로 웃고 있고 아스팔트를 뚫고 자라난 이름 모를 잡초에도 꽃송이가 있음을 이제야 봤다. 무엇인가에 치우친 시선으로 바라보았으니 보지 못했을 뿐이었다. 이런 생각, 이런 마음 무엇이라 말로 표현할 수 없는 희열이다. 오늘은 뒤에서 달려오는 차도 두렵지 않다. 모든 생각을 놓으니 무심함이 일어난다. 두려움도 즐거움도 여여할 뿐이다. 이 고요하고 맛깔스러운 마음이 짧아서 아쉽다. 이 맛 때문에 스님들이 죽어라 공부를 하는 것이 아니겠는가.

내일 태풍이 온다 하니 오늘은 일찍 마치고 하루 쉬어야겠다. 숙소에 들어가 고요히 정좌한 뒤 나를 다시 찾아보고자 한다. 갑작스레 어쭙잖은 생각이 들어 시 한 편 쓴다.

온 세상이 고요한 소리를 낸다.

맑은 하늘은 푸른 물감이 뚝뚝 떨어지고,

흰 구름은 사르륵 풀어져 흐른다.

산에 나무와 들풀들은 소리 없이

내 눈 속에 살포시 녹아 스며들며

길 위에 잡초는 알록달록한 옷을 갈아입고 있다.

계곡의 시냇물은 뽀글뽀글 졸졸

민가의 누른 황구는 멍멍

그 옆에 나무장승들은 하하호호

너무 좋아서, 눈이 시려워서, 눈물만 주르륵!

오늘도 나는 길 위에 있었다.

망상은
비를 타고

—

비를 동반한 태풍이 북상하고 있어 오늘은 하루 쉬었다. 어제 저녁부터 내린 비가 그
치질 않는다. 시골이라 그런지 비가 오는 날에는 바깥나들이 하는 인적이 드물다. 바
람도 비를 피해 잠잠하고, 나뭇잎 사이로 눈물 같은 빗방울이 뚝뚝 떨어진다.

비 내리는 풍경을 하염없이 바라보다가 문득 옛 생각이 났다. 비만 오면 김치전을 부
쳐 가족들과 둘러앉아 먹던 일, 중학교 다닐 때 어머니에게 꾸지람을 듣고 서럽게 울
면서 빗속을 처적처적 걷던 일, 비를 피해 장독대 뚜껑을 급하게 덮으면서도 다른 행
자님들에게 장난칠 궁리만 하며 비를 맞고 즐거워했던 어린 행자 시절, 삶의 고뇌를
짊어지고 비오는 날 걸망만 진 채 목적지 없이 빗속을 걷던 순수한 수행자 시절, 머
리 깎은 신분도 잊어버리고 사찰부속의 유치원 선생님을 혼자 애태우며 짝사랑했던

청년승려 시절(그때도 법당 뒤 처마 밑에서 비를 피해 혼자 훌쩍거렸지), 비를 맞으며 구걸하는 육교 위의 걸인이 불쌍해 우산을 들고 같이 쭈그려 앉아있다 영업방해로 걸인에게 쫓겨난 일, 촛불밖에 없는 깊은 토굴생활 중 비가 새는 화장실에서 우산 쓰고 볼일보다 실수로 똥구덩이에 빠졌던 기억.

내리는 비는 타임머신처럼 나를 과거로 데리고 다니며 때론 기쁘고 때론 슬픈 곳에 내려놓는다. 혼자 의자에 앉아 지나간 기억의 영사기를 돌려보고 있는데 통도사 선방에서 모셨던 운하 노스님이 나타나 호통을 치신다.
"과거에 집착하면 망상의 두려움에 빠져 내일도 헤아릴 줄 모르는 바보가 된다. 과거의 헛된 생각이 사라지면 현재의 너도 없건만 내일을 고민하겠느냐! 쓸데없이 어디서 비 맞고 돌아다니느냐? 중이 할 일 없으면 염불이나 하든지 아니면 그 뚱뚱한 다리 꼬고 방석에 앉던가 해라!"
이미 열반에 드신 운하 노스님의 목소리가 살아계신 듯 들려온다.

대지혜 대자비

어제 하루 종일 내린 비 때문에 온 세상이 촉촉하게 젖어있다. 길가의 가로수는 밤새 늙어버린 양 누렇게 색이 바랬다. 하루를 꼼짝도 하지 않고 쉬었던 탓인지 오히려 무릎이며 팔다리가 쑤신다. 차라리 고생스럽더라도 길 위를 걷고 절하면서 사색을 즐기는 시간이 좋다. 태백을 향해 꼬불꼬불한 고갯길에 올랐다.

오늘은 절을 하며 나를 내려놓으려고 애썼다. 수행의 근본은 나를 찾는 데 있고, 진실한 행복을 얻기 위해서는 반드시 해야 할 일이다. 깊은 사색이 계속되다가 문득 이런 생각이 들었다. 누군가 나에게 왜 힘들게 이런 기도를 하는지, 부처님의 진실한 뜻이 무엇인지 묻는다면 무엇이라고 대답할까. 분명 자비라고 말할 것이다. 자비는 나누어주기만 하는 보시행을 말하는 것이 아니다. 베푸는 자비, 받을 줄 아는 자비,

지켜볼 줄 아는 자비, 무관심해지는 것도 큰 자비심이다. 사랑하는 마음을 아낌없이 주는 것은 아름다운 심성을 지닌 이의 자비심이고, 온갖 악행과 실수를 보고도 곁을 떠나지 않고 굳건하게 참아내며 지켜볼 줄 아는 것은 어머니의 마음과 같은 자비심이요, 매사에 초연하여 보고 듣고 말하는 것에 마음을 빼앗기지 않는 것은 부처님과 같은 마음이다. 그래서 부처와 옛 스승들은 어떠한 고난과 억울한 상황에서도 입을 닫음으로 인욕의 지혜를 가르쳐 주었다. 순례기도 중에 내가 반드시 찾아야 할 것이 바로 이러한 대지혜요 대자비심일 것이다.

보광스님

세 가지 만트라

26일째 ··· 구월 이십육일 / 금요일   날씨 : 흐림(17km)

———

류시화 시인의 인도여행기를 읽었다. 영적인 스승을 찾아 인도를 순례하는 여행기였
다. 스승에게 전해 받은 세 가지의 만트라(영혼의 기도)를 읽다가 눈이 고정되어 버
렸다.

첫 번째 만트라는 자기 자신에게 정직하여라. 온 세상의 모든 사람들과 타협할지라
도 자기 자신과는 타협하지 말라. 그러면 이 세상 어느 누구도 너를 해치지 못할 것
이다.

나는 자신에게 정직하지 못했다. 말이나 행동에서 실수를 하면 나 스스로 타협하고
변명의 터널을 만들어 잘도 도망쳤다. 얼굴에 주름이 하나씩 생기는 만큼 변명의 능
숙함도 더 늘었고, 회색 먹물 옷으로 위장해 더욱 깊숙이 숨어들어갔다. 그러면서도
항상 나 자신에게 미안하고, 남이 알아차릴까봐 두려웠다. 그럴 때면 더욱 고집을 부

리고 많은 말로 시끄럽게 떠들며 나를 숨기고 있었다. 습관이 되어버린 변명이 업이 되어 나를 완전히 옭아매기 전에 참으로 나 자신에게 정직해져야겠다.

두 번째. 슬프고 기쁜 것은 지나가고 항상 영원하지 않음을 깊이 명심해라. 이런 일들에 너 자신이 흔들리지 말라. 그리하면 너의 마음에 고요한 평화를 얻을 것이다. 슬프면 세상을 등진 듯 괴로워하고 기쁘면 세상을 다 아는 듯 날뛰었다. 이것이 습관이 되다보니 이젠 내 마음도 어떤 상태인지 가늠하기 어렵다. 마치 우리안의 동물들이 배고플 때마다 시간 맞춰 울어대는 모양새와 별반 다르지 않다. 모든 슬픔과 기쁨은 물 흐르듯이 지나간다는 것을 항시 염두에 두고 조신하게 살펴야 한다.

세 번째. 어떤 사람들이 너에게 도움을 청할 때 항상 신들이 너를 도와 줄 것이라 말하지 말라. 그럴 때엔 신이 없듯이 너가 나서서 스스로 도와라.
수행이 익지도 않은 승려임에도 불구하고 승복을 입고 있다 보니 고통과 괴로움을 해결하고자 나를 찾아오는 이들이 많다. 정작 나 자신도 작은 문제조차 해결하지 못하는 처지라 그저 "부처님만 부르세요. 경전만 진실한 마음으로 읽으세요. 그러면 부처님께서 모든 일을 해결해 주실 거예요."라는 말만 할 수밖에 없다. 부처님의 등 뒤로 슬쩍 내빼버린 것이다. 변명이긴 하지만 진심이 아닌 마음으로 힘들어 하는 사람을 돕게 되면 번잡한 인연에 엮이게 될까봐 두려웠다. 진정한 자비심이 있다면 어떻게 해서든 힘이 되어 주려고 애썼을 것인데, 나는 피하고 도망 다녔다.

엎드려 간곡히 기도 올린다.

제불보살님들이시여! 어느 날 나약한 모습으로 또다시 뒷걸음칠 때 어여삐 여기시어 지혜로써 깨닫게 해주옵소서! 그물에 걸리지 않는 바람처럼 나태함과 두려움에 걸리지 않게 해 주소서. 어떤 소리에도 놀라지 않는 사자처럼 위엄을 잃어버리지 않게 이끌어 주옵소서! 숲속의 아름다운 사슴처럼 순수하고 고결한 승려가 되도록 품어주소서! 승려로서의 용기와 신념을 잃지 않고 남은 삶이 다할 때까지 봉사와 나눔을 실천하게 하옵소서. 나무 아미타불관세음보살!

참인간의 길을 걷다

며칠 동안 모두가 즐겁다. 인천 아시안게임 때문이다. 가슴 졸이며 TV를 보다가 메달을 받으면 나의 일인 것처럼 박수치며 기뻐한다. 자중스님은 덩실덩실 춤까지 춘다. 기도의 피곤함이 싹 날아가고 순례여행의 즐거움도 배가된다.

낙엽이 하나 둘 떨어지는 가로수 길을 걸으며 절을 하다 보니 세상사 이야기가 모두 부질없이 느껴진다. 오히려 한적한 도로 위에서 옹기종기 모여 뛰어노는 산새들이 더 여여하고 자유로워 보인다. 세상 사람들이 저 광경을 보며 자연의 순환과 생명이 주는 다정함을 함께 느낄 수 있으면 얼마나 좋을까. 왜 그리 반목하며 싸우고 질시하는지 모를 일이다.

나는 한 번씩 사람들의 얼굴을 유심히 쳐다본다. 잔꾀를 부리려 골똘히 생각중인 여우 얼굴, 욕망을 채우려 붉게 달아올라 볼이 퉁퉁 부은 돼지 얼굴, 다른 사람의 약점만 찾으려고 애쓰며 실실 웃는 하이에나 얼굴, 게으름과 나태함에 푹 빠진 오랑우탄 얼굴, 아무런 대가도 바라지 않고 순간순간 살아가는 순한 소의 얼굴 등 다양한 동물상을 발견한다. 나는 어떤 상인지 두 스님에게 물었다. 전에는 성질 급한 멍청한 고릴라 같더니 지금은 그런대로 똑똑한 고릴라 같다고 말한다. 후후~ 너구리, 염소 같은 스님들!

TV다큐멘터리 '동물의 왕국' 을 보면, 야생 동물들이 사는 모습과 인간의 삶이 한 치도 다를 바가 없다는 것을 알게 된다. 강한 자가 약한 자를 누르고, 먹고 살기 위해서는 무엇이든 해야 하는 냉정한 생존의 세계는 야생동물이나 우리 인간이나 마찬가지다. 그러나 인간을 비롯해 모든 생명이 불성의 씨앗을 품은 중요한 존재임을 자각한다면 얼마나 좋을까. 그것을 위해 우리는 길 위의 기도여행을 떠났다. 똑똑해 보이는 고릴라, 허리 아프다고 눈치 보는 순박한 너구리, 대쪽 같은 성격의 흰 수염이 자란 안경 낀 염소가 가을 향취 가득한 산길을 돌아 옛 스승들이 지나간 참인간의 길을 찾아 걸어가고 있다. 부처님이 기다리는 마음의 고향을 찾아 쉼 없이 절하고 있다.

해발 천 미터가 넘는 첩첩산중! 함백산 불보살님들이 손수 뿌려주시는 가을 낙엽이 참 좋다.

함백산 가을 색채

28일째 ⋯ 구월 이십팔일 / 일요일 날씨 : 맑음

해발 천 미터가 넘는 함백산의 아침! 밤새 가을이 찾아와 함께 잠을 잔 것처럼 지붕 밑 처마에 가을의 서늘한 입김이 가득 서려있다. 산은 한 폭의 그림이다. 새파란 화 폭에 붉고 노란 물감을 군데군데 찍어놓은 듯 아름답다. 가을은 정녕 농후한 색채와 낭만을 아는 나이 지긋한 노련한 화가인 모양이다.

눈앞에 펼쳐진 멋진 경치에 나만의 그림을 다시 그려 넣는다. 산중턱 바위에 작은 초 가 정자를 세우고 나이테가 선명한 소나무 차반을 그려 놓는다. 백자 다기를 차례로 나열하고 찻주전자를 화로에 올린다. 찻물 끓이는 시동은 자중스님, 그에게 부지런 히 부채질을 시키고 함백산 신선을 초대해 차담을 나눈다. 차담 후의 식사 준비는 석 광스님 몫이다. 한 폭의 수묵화가 이렇게 완성되었다.

자중스님 석광스님도 그림을 그린다. 초가 정자를 세우는 것까지는 나와 같은데 초

청 인사가 다르다. 돌아가신 어머니와 아버지를 초대한
단다. 그리고 나더러 정자 앞에서 끝도 없이 떨어져 눈바
람처럼 휘날리는 낙엽이나 쓸어내라고 한다.

이렇게 즐겁고 정겨운 대화를 나누다 보니 함백산 통나
무펜션에서의 오전 시간은 금방 지나가 버렸다. 점심때
쯤 부산에서 백홍양 거사 내외분과 고동환 거사 내외분,
백송화 보살님이 우리가 머무는 곳까지 응원을 왔다. 천
도재 준비까지 해 온 터라, 알맞은 장소를 찾아 정성껏
천도재를 올렸다. 그들이 준비해온 점심공양을 대접받고
숙소로 돌아와 순례기도에 대해 이야기를 나누었다. 그
누구보다 우리를 걱정하고 있었을 그들이기에 위로와 안
심의 말을 전하지 않을 수 없었다. 고행은 하기 싫은 것
을 억지로 해나가는 것이다. 하지만 우리는 오직 기쁘고
즐거운 마음으로 순례길에 오르고 있다. 지금 우리는 누
구나 한번쯤 떠나고 싶었던 장기휴가 여행을 즐기며 가
장 행복한 시간을 보내고 있으니 염려 말라고 했다.

우리의 여행은 새로운 것을 찾아 떠나는 것이 아니라, 이
미 알고 있지만 오래도록 잊고 지냈던 내면의 세계를 여
행하는 것이다. 오래전 마음의 문을 닫아걸어 놓은 채 이

나이가 되도록 그 문을 열고 다시 돌아가지 못하고 있으니, 불귀의 객이 되기 전 용기를 내어 원래의 자리로 돌아가는 여행을 하고 있는 것이다. 그러나 본래의 나는 마음을 떠난 적도 없고 돌아가지 못한 적도 없었다. 다만 망상에서 깨어나지 못해 이렇게 헤매고 있을 뿐이다. 이젠, 꿈에서 깨어나야 할 때다. 그리고 고요한 마음의 방석을 찾아 앉아야 할 것이고, 뒤죽박죽 엉클어져 있는 공부법부터 새롭게 풀어나가야 할 것이다. 앞으로 35일 뒤 통일전망대에 도착하게 되면, 다시 출발 할 것이다. 어제처럼, 오늘처럼, 내일처럼 그리고 다시 처음처럼 출발할 것이다.

너 자신을 등불로 삼고 너 자신을 의지하라.
진리를 등불로 삼고, 진리를 의지하라.
이밖에 다른 것에 의지해서는 안 된다.
_ 아함경

수마노 석가사리탑 앞에서

29일째 … 구월 이십구일 / 월요일 날씨 : 비가 내림(7km)

드디어 두 번째 보궁 정암사에 도착했다. 아침 일찍부터 내리는 비 때문에 신발과 옷은 다 젖었지만 통도사 보궁 참배 후 24일 동안 기대하고 기대하며 찾아온 두 번째 보궁이라 가슴이 벅차고 감개가 무량하다. 이곳 정암사 수마노 석가사리탑에 도착하면 감동에 복받쳐 눈물이 비처럼 흘러내릴 줄 알았는데 모두 빙긋이 웃고 있다.

"자중스님, 석광스님! 좀 우세요! 감격스럽지 않습니까?"

돌아오는 대답이 시큰둥하다.

"이미 우리가 지나온 길이 모두 보궁이요 탑이었다고 외치던 스님이 새삼스럽게 감동의 눈물을 흘리라하니 참으로 이상합니다. 오히려 이곳까지 온 나 자신이 더 대견하고 더 감동입니다. 스님은 어떤 점이 감동스럽습니까?"

되묻는 말에 잠시 주춤했다.

길위의 64일

"우리가 탑 앞에 무사히 함께 서 있는 지금 이 순간이 감동입니다."
우리들 이마 위로 그동안의 노고를 격려하는 빗물이 하염없이 흘러내리고 부처님의
도량에 이렇게 안겨 있으니 달리 무슨 말이 필요할까.
보궁에 도착하기 전 석광스님이 길가에서 네 잎 클로버를 찾았다며 엄청 기뻐했는
데, 우리 눈앞에서 그 행운이 이루어졌다.
"자증스님, 석광스님, 나 그리고 부처님! 이렇게 네 잎 클로버가 만들어졌습니다. 우
리에겐 앞으로 행운만이 있을 것입니다."

29일 동안 우리는 같은 곳에서 잠자고, 같이 밥 먹고, 같은 생각을 하고, 같이 슬퍼하
고, 같이 웃고, 같이 가을의 자연과 노래했다. 이중에 한 사람이라도 마음이 어긋나
면 행복이나 행운은 사라진다. 서로가 서로에게 꼭 필요한 사람이란 걸 눈빛만 봐도
알고, 작은 행동으로도 알 수 있다. 그러니 진정한 부처님의 보궁은 우리 자신과 가
족, 이웃의 마음과 미소 속에 있는 것이 아닐까.
우리가 정암사에 도착하는 것을 반기기 위해 대구에서 신도 두 분이 빗길을 마다하
지 않고 달려오셨다. 이 역시 마음에 보궁을 가진 분이 아니겠는가.

정암사 법당에서 순례기도동참자들을 위해 축원 기도를 했다. 축원문 한 장 읽고 절
한 번 하고. 이 기도에 동참해준 신도님들 덕분에 먹고, 잠자고, 쓰는 경비에 부족함
이 없었다. 이보다 더 큰 불사가 어디 있으랴! 축원문 한 장을 읽는데도 감사함이 담
기고 절 한 번 올리는데도 가슴이 먹먹해지는 고마움이 담긴다.

라오스의 소년소녀를 위한 기도

30일째 … 구월 삼십일 / 화요일   날씨 : 흐림(17km)
___

정암사에서 꿈같은 하루를 보내고 새벽 기도 후 아침 일찍 출발했다. 정암사에 도착하기 전 불교TV 부산지사에서 취재를 하고 싶다는 연락이 왔다. 정암사에서 출발하는 모습을 카메라에 담고 싶다고 했다. 또 보궁에 도착할 때마다 취재가 있을 것이라 했다. 우리들의 순례기도가 전국의 불자님들에게 전해진다니 반갑고 고마웠다. 새벽에는 불교TV 강릉지사 이천운차장님이 우리를 응원하기 위해 정암사를 방문했다. 정암사 주지스님께서도 따뜻한 차 한 잔과 함께 여비에 보태라며 금일봉을 주셨다. 감사하고 감사한 일이다.

모두에게 감사의 인사를 전하고 출발하려는데 오늘도 비가 부슬부슬 내린다. 아쉬운 발걸음을 내디디며 뒤를 돌아보니 산 위의 수마노탑이 더욱 웅장하고 아름답게 보인다. 탑전을 향해 다시 돌아오겠다는 인사를 드리고 다음 보궁지 영월 법흥사를 향해 나아갔다.

절을 하는 동안 앞에서 촬영하고 있는 불교tv 카메라 때문에 약간은 부담스럽고 번잡한 기분이다. 그러나 기도 원력과 목적이 불자님들에게 고스란히 전달된다는 생각에 마음을 다잡고 더욱 엄중한 자세로 절을 해나갔다. 기도를 하다가 문득 생각이 닿는 곳이 있었다. 피디님께 먼저 양해를 구했다. 꼭 들려주고 싶은 이야기가 있는데, 뉴스거리가 될지 어떨지 들어달라고 부탁을 했더니 잠시 촬영을 접는다.

1년 7개월 전, 때 묻지 않은 순수의 땅 라오스는 어찌할 수 없는 인연으로 나에게 다가왔다. 불광사 거사님 가운데 라오스에서 오랜 기간 봉사활동을 해 온 분이 있는데, 그 분과의 인연으로 나도 라오스에 관심을 가지게 되었다. 라오스 방비엥에서 50km 떨어진 아름다운 시골마을까지 직접 방문하다가 급기야 그곳에 익명의 기부자와 함께 초등학교를 건립하기에 이르렀다. 지금은 125명의 초등학생이 컴퓨터와 영어 수업을 받고 있는데, 순례길에 오른 지난 9월 1일이 우리가 건립한 라오스 신축학교 개학식 날이었다.

그곳엔 학교라고 해봤자 중학교 한 곳이 전부인데 이 조차도 학교라고 말하기 어려울 만큼 환경과 시설이 열악하다. 그나마 여기라도 다니려면 대부분의 학생들이 16km에 이르는 먼 거리를 왕복해야 한다. 당연히 취학률이나 학교 출석률이 낮아질 수밖에 없다. 취학률이 낮은 이유는 또 있다. 농사일을 돕느라 학교에 제대로 다닐 수도 없지만, 더 큰 이유는 대대로 이어지는 가난 때문에 학업을 포기해야 한다는 것이다. 결국 청소년들은 학업 대신 돈을 벌기 위해 큰 도시로 나간다. 교육을 제대로 받지 못한 아이들의 한 달 급여는 우리 돈으로 6~7만 미만에 불과하다. 이 돈도 모두 시골에 있는 집으로 보내야 하다 보니, 어린 청소년들이 좀 더 많은 돈을 벌기 위해 나쁜 길을 선택할 수밖에 없는 악순환이 이어진다.

반틴온 마을의 인구는 80여 가구에 500명 남짓. 한 가정 당 평균 6명의 식구가 13평 정도의 작고 낡은 판잣집에서 생활한다. 놀라운 것은 그들은 생활에 전혀 불편함을 느끼지 않는다는 것이다. 오히려 가족애를 느끼며 행복하게 살고 있다. 농사일은 오렌지 농장이 대부분이다. 오렌지 100kg에 우리 돈으로 약 오백 원 정도. 아이들 기초 교육을 시키기에도 빠듯한 수입이다.

반티온에서 50km 떨어져 있는 방비엥은 1년에 30만 명의 유럽 젊은이들이 방문하는 라오스의 최고의 배낭여행 관광지이다. 아직까지 관광 인프라가 제대로 형성되지 않은 시골 읍 정도의 마을이지만 낭만적인 자연경관과 저렴한 여행비 때문에 외국 여행자가 많이 찾아온다. 여행객들이 가장 좋아하는 음식이 바베큐 요리다 보니, 돼지고기 소비가 가장 많다. 돼지고기는 166km 떨어진 라오스의 수도 비엔티엔에서 공급이 되는데 운송유통업이 발달하지 않은 방비엥에서는 비싼 가격의 돼지고기를 공급 받고 있다. 만일 이곳 마을사람들이 가구 마다 돼지 40~50두를 직접 키워서 공급한다면 충분한 수익을 올릴 수 있을 것이다. 평소보다 10배 이상의 수익이 오르게 되면 아이들 진학에도 문제가 없을 것이다. 새끼 돼지 한 마리 가격은 우리 돈으로 4만원 남짓, 돼지 800마리를 사서 각 가구당 40마리씩 분양하려면 약 3천 5백만 원의 후원금이 필요하다. 이것이 현실화되면 두 마을 주민 천여 명에게 꿈과 희망이 생기는 것이다.

이 계획은 라오스 산간 마을의 처녀와 결혼해서 딸을 낳고 가정을 꾸린 뒤 13년 간 라오스에서 생활한, 그래서 라오스 사람이 다 되어버린 한국인 김용탁 씨가 제안한 것이다. 아무 정보도 없이 라오스에 초등학교를 지을 때 자신의 사업도 뒤로 미룬 채 통역과 현장 감독을 맡아준 진실하고 성실한 사람이다. 또 한 분의 한국인 백선기 씨도 자신의 일처럼 학교 건립을 도왔는데, 이제는 그곳에서 몇 달 간 아이들의 컴퓨터 워드교육을 담당하겠다니 나로서는 기쁨과 보람이 크게 느껴지는 일이다.

그러나 해야 할 일은 많은데 늘 경제 사정이 문제다. 초등학교에 이어 중·고등학교도 건립해야 하고, 돼지농장 분양사업도 현실화시켜야 한다. 강이 흐르는 아름다운 자연경관을 배경으로 카누, 대나무 방갈로, 줄을 타고 즐기는 짚와이어, 황토를 이용한 머드풀 등 레저사업을 활성화시키면 이곳 다섯 마을 주민 1800명 정도의 삶이 바뀔 것이다.

라오스 봉사활동에 관한 청사진을 다 듣고 난 피디님이 나의 원력이 이런 것인 줄 몰랐다며, 왜 처음부터 이런 취지를 슬로건으로 내걸지 않았냐고 묻는다. 이런 해외계몽이나 해외교육을 할 때는 조심스럽다. 많은 사람들이 한국에도 가난하고 형편이 어려운 사람들이 많은데 왜 하필 외국에 퍼 주냐고 비난하기 때문이다. 그래서 말과 행동을 경솔하게 할 수 없는 것이다.

순례기도 후 나와 뜻을 같이 하는 후원자들이 나타나 함께 활
동할 수 있다면 더 바랄 것이 없다. 소중한 인연이 나타나길 간
절히 발원하며 열심히 엎드리고 기도하는 것이 나의 몫이다.

순간순간 라오스 반틴온 시골마을 어린이들의 눈웃음이 떠오
르고 냇가에서 다이빙 하며 놀던 생각에 그리움이 사무친다.
그곳의 어여쁜 아이들이 5년 뒤 도시로 돈을 벌기 위해 떠나가
기 전 뜻을 이루어야 한다. 어떤 난관이 있더라도 그곳 아이들
과 맺은 나만의 약속을 지키고 싶다.

더불어 사는 것

31일째 ··· 시월 일일 / 수요일   날씨 : 흐림(17km)

순례를 떠난 지 한 달이 지났다. 정암사를 지나 영월로 가는 3차선 도로는 길고도 길다. 고속으로 달리는 차들의 굉음 속에 긴 터널을 2개나 지났다. 지금까지 지나온 터널은 700m미만이라 탁한 공기와 고막이 찢어질듯 한 소리를 잘 버텨 내었지만 이제부터 긴 터널은 차로 통과하기로 했다.

5년 전 십보일배의 경험대로라면 이제 여기저기 아픈 곳이 나타날 것이다. 일정이나 지형상 태백을 넘으면 신체에 무리가 오기 시작한다. 아니나 다를까, 예상대로 모두 한 군데씩 몸이 아려오기 시작했다고 한다. 조금씩 강도를 조절해야 할 필요가 있는 시점이다.

오늘따라 로드킬 당한 동물의 사체가 유난히 많다. 매일 보는 광경이지만 오늘은 속

108.

이 울렁거릴 만큼 처참하다. 자연에 순응하지 않고 뭇 생명을 배려하며 더불어 살지 못하는 인간의 이기심에 화가 치민다. 편리함만을 좇아 야생동물이 지나는 길 따위는 안중에도 없는 인간의 욕망에 치가 떨리고 죽은 동물들에게 너무나 미안했다. 처참한 모습을 그냥 볼 수 없어, 법성게를 읽어주며 극락왕생을 발원했다.

살아있는 생명들은 스스로 죽음을 인식하기 전까진 자신이 죽었다는 것을 받아들이지 못한다고 한다. 그래서 구천을 헤매는 불쌍한 영혼이 된다. 전쟁이나 급작스런 사고로 생명을 잃거나 삶에 집착이 강했던 이들이 생을 마감하면 자신이 죽은 줄도 모르고 가까운 사람들이나 그 주변을 맴돈단다. 반대로 살아있을 때 후회 없는 삶을 산 사람들은 남은 인연에 집착이 없으므로 다음 생을 찾아가거나, 윤회의 틀에서 자유로워진다. 그러니 삶을 사는 동안 모든 원망과 분노, 후회, 갈등, 절망, 집착을 내려놓아야 한다.

최상승 법문

32일째 ··· 시월 이일 / 목요일   날씨 : 흐리고 맑음(19km)

영월을 향해 계속 나아간다. 선두 역할을 자중스님에게 넘겨주고 나는 차량으로
2km 먼저 가서 기다리고 있었다. 30분쯤 지났을까, 국도관리차량 한 대가 사이렌 경
광등을 반짝이며 자중스님을 태워서 온다. 길을 지나던 누군가가 국도관리소에 민원
을 넣었단다. 길 위에서 절하는 것이 너무 위험하니 중지시키라는 것이다.

자중스님과 함께 온 직원에게 기도 목적을 설명한 뒤, 안전에 신경을 쓰고 있으며 차
량과 행인에게 피해를 주지 않는 범위 안에서 절을 하겠노라 열심히 설득했다. 하지
만 그 직원은 난감한 표정을 지으며 스님의 뜻은 잘 알겠으나 민원을 막을 수 없으니
기도를 하지 말라고 한다. 이런 종류의 장애는 처음 경험하는 터라 당황스러웠다.

그러나 민원이 들어갈 정도로 우리의 순례가 위태로워 보였다면 자꾸만 고집을 부릴
수도 없는 일이다. 일단 옛 국도로 방향을 바꾸기로 했다. 사실 구도로는 1차선에다

갓길도 없고 꾸불꾸불한 길이라 더 위험하다. 그렇다고 우리의 기도를 그만 둘 수 없는 법! 이번에는 또다시 민원이 들어간다 해도 끝까지 가야한다.

자중스님은 원래의 자리로 돌아가 위험을 무릅쓰고 힘들게 절을 해나가기 시작했다. 2km 앞에서 그런 자중스님을 기다리고 있자니 걱정이 돼 좌불안석이다. 절을 하며 오는데 시간이 얼마나 걸리는지 알면서도 오는 걸음이 더딘 것 같아 애가 탄다.

답답함을 떨치려 유유히 흐르는 동강과 강을 에워싸고 펼쳐진 산으로 시선을 옮겼다. 강위에 작은 통나무가 흘러가고 있다. 오래전, 어느 경전에서 보았던 부처님의 설법이 생각났다. 사위성에 계실 당시 이른 아침 제자들과 강가를 조용히 걸으시다가 강 위에 떠내려가는 통나무를 보시고 제자들에게 말씀하셨다.

"저 통나무는 어디로 흘러가느냐?" 제자 중 아난이 답했다.

"길고 긴 강을 따라 큰 바다로 흘러갑니다." 부처님이 이어 말씀하셨다.

"마음을 닦는 수행자도 저 통나무와 같다. 진리의 강을 따라 흘러흘러 가면 결국엔 깨달음이라는 바다로 흘러가듯이 너희 수행하는 자들도 진리만을 따라 깨달음으로 나아가야만 한다. 허나, 강에는 큰 바위나 흙으로 이루어진 둔덕이 있기도 하고, 강 옆에는 잡나무가 무성하여 걸려서 나아가지 못하거나, 여러 가지 장애물에 걸려 강바닥에 가라 앉아 썩어 버리기도 한다. 바위나 둔덕에 걸림은 세속 일에 간섭하여 처사나 여인들과 어울려 수행을 멀리 하는 것과 같고, 강 옆의 잡가지에 걸림은 잡된 귀신이나 신통의 잡스러움과 삿된 요술에 걸려 망령된 짓을 하는 것과 같고, 강바닥에 가라앉는 것은 세속의 일에 빠지거나 요술에 걸려 자신의 신분도 망각한 채 진정한 깨달음의 진리를 잊어버리고 세월을 낭비하다 죽어서는 악도에 떨어짐과 같으니,

너희 수행자들은 항상 경계하고 몸과 마음가짐을 오직 진리를 구하는 결심으로 어떠한 장애에도 걸리지 말아야 할 것이다. 그리하면, 끝에는 깨달음이란 망망대해에 도달하게 될 것이니라. 너희들은 저 통나무와 같으니, 항상 비유해서 생각하고 명심하여야 하느니라."

부처님의 말씀은 언제나 가슴을 울리고 머리를 맑게 하는 최상승 법문이다.

철길 위로 철컹철컹 소리를 내며 화물 실은 열차가 어딘가를 향해 느리게 지나갔다. 끝없이 긴 열차에 화물을 실어 나르는 광경이 주지의 삶을 살고 있는 나를 빗대어 보게 한다. 주지소임을 사는 동안 나를 따르는 신도 분들을 과연 올바른 길로 이끌었을까. 나는 목적지를 향해 선을 이탈하지 않고 바르게 달려왔을까. 이런 저런 일들을 되짚어보니 하지 말아야 할 일은 무던히도 했고, 해야 할 일은 어지간히 외면하고 살았다. 열차를 바라보며 생각에 젖다보니 모든 것이 걸러지고 정리가 돼 오직 참회하는 마음만이 남는다. 오늘은 철길을 지나는 화물열차가 스승 역할을 톡톡히 한다.

열반하신 운하 노스님의 말씀이 생각난다.

"이 바보야! 선지식은 찾아가는 게 아니다. 찾아오는 거야. 네가 진실된 마음으로 공부를 하겠다는 생각을 가지면 모든 선지식들은 너를 찾아온다. 헛되이 진리니 뭐니 딴 데서 뜬구름 잡으려 하지 말고 너의 마음이나 제대로 잡아놓고 방석 위에 앉혀라."

대자유인 김삿갓

33일째 ⋯ 시월 삼일 / 금요일   날씨 : 맑음 (개천절)
─

항상 묵묵히 기도만 하던 석광스님이 하루 쉴 것을 제안했다. 웬만큼 아파도 티를 내지 않더니, 오늘은 하루정도 쉬면서 영월이나 잠시 구경하자고 한다.

영월은 빼어난 경치가 으뜸이다. 조선후기 풍류객이자 방랑시인 김삿갓의 고향이며 단종의 슬픈 이야기를 간직한 충절의 고장이다. 그만큼 볼거리도 많다. 고씨동굴과 김삿갓 유적지, 단종왕릉 유적지 등등 하루 종일 둘러봐도 시간이 부족할 정도다. 그런데, 야심차게 구경에 나섰던 스님들이 오전을 지나 점심이 가까워지자 피곤함을 감추지 못한다. 일정에 여유가 생기자 그동안의 피로가 한꺼번에 몰려온 모양이다. 결국 구경을 작파하고 일찌감치 숙소로 돌아왔다.

김삿갓의 고장에 와서 그런지 세상을 파격적이고 해학적으로 풍자하며 걸림 없이 살았던 그가 유난히 부럽다. 낡은 의복에 구멍 뚫린 삿갓 하나, 지팡이 한 자루, 행랑봇짐과 짚신 한 켤레로 산과 강을 벗 삼았던 시성! 그는 무엇을 찾아 산천을 유람했을까? 인간사를 새벽녘에 내린 이슬처럼 바라보았던 대자유인, 오늘 그의 시를 읽으며 그가 걸었던 길을 따라가 봤다.

천리길 머나먼 행장 지팡이 하나에 의지하고
남은 돈 7푼이 많은 편
너 만은 주머니 속에 깊이깊이 있으라 타일렀거늘
들 주막집 석양에 술을 보니 어찌하리.

이런 대로 저런 대로 되어가는 대로
바람이 부는 대로 물결이 치는 대로
밥이면 밥 죽이면 죽 생기는 대로
옳으면 옳은 대로 그르면 그른 대로
손님 접대는 집안 형편대로
시장 매매하는 것은 시세대로
그렇고 그런 세상 그런 대로 살아가리.

슬프도다 온 세상 남자들이여.
내 평생 지내 온 일 알아 줄 이 누구인가.
삼천리강산 부평초 같이 떠돌면서

거문고 따라 시 읊던 40년 모두가 허사로다.
청운의 꿈 억지로 안 되니 원치도 않고
백발은 공평하니 슬프지도 않네.
귀향의 꿈꾸다가 문득 놀라 깨어 앉으니
한밤중 공작새 소리 남쪽에서 들려오네.

천황씨가 죽었는가 지황씨가 죽었는가.
온갖 나무와 산들 모두 상복을 입었구나.
내일 만일 태양이 조문 온다면
집집마다 처마 앞에 방울방울 눈물 흘리리.

고흐가 사는 산간 마을

34일째 … 시월 사일 / 토요일   날씨 : 맑음(18km)

영월을 지나 법흥사를 향해 평창 방면으로 가고 있다. 어제는 영월을 구경하며 충분한 휴식을 취했기 때문에 몸과 마음이 한결 가볍다. 일교차 때문인지 짙은 안개가 가득하다. 절을 하며 나아가는 만큼 안개도 덩달아 물러서며 시야에서 사라진다. 거짓말처럼 따스한 햇볕과 맑은 하늘이 얼굴을 보인다. 가을 햇살 속에 서늘한 바람을 맞으며 산책하듯 한가로운 순례길이 더할 수 없이 정겹다.

출출한 느낌이 들 때쯤 그림 같은 풍경이 눈앞에 펼쳐진다. 붉은 수수밭과 노랗게 익어가는 콩밭, 옥수수, 들깨 등등 온통 식욕을 자극하는 먹거리다. 가까운 들판에는 중년의 농부 내외가 수수를 추수하느라 손길이 분주하고 어린 꼬마는 작대기를 휘두르며 수수밭 참새 떼들을 내쫓고 있다. 그 옆에는 뽀글뽀글 파마에 염색으로 나름대

로 멋을 부린 시골 할머니가 손자의 모습을 보며 환하게 웃고 있다.

가슴 아프게 시리면서도 아름다운 광경이다. 슬픔만이 가슴 아프게 하는 게 아니라 심장이 뛰도록 아름다워도 가슴이 아프다는 걸 알겠다.

넋이 나간 듯 이 광경을 바라보는데 추수에 여념이 없던 농부가 내가 있는 곳으로 다가온다. 농부는 마치 마른 얼굴에 슬픈 눈을 가진 고흐 같았다. 어디까지 가느냐고 묻는 농부는 분명 그림 속에서 방금 걸어 나온 것 같은 착각이 들 정도다. 다음에 이곳을 다시 지날 때면 고흐가 사는 산간 마을이라고 불러야겠다.

발길을 돌려 계속 절을 해나가는데, 아쉬움이 발을 붙잡는다. 이 순간, 이 감정, 이 광경을 또 볼 수 있을까?

보광스님

통곡하는 산

영월을 지나는 길은 온통 바다와 같다. 하늘도 바다요 산도 바다, 모두가 물결치는 푸른 바다이다. 그렇게 푸르고 싱그러운 산을 무섭게 생긴 대형기계가 벌겋게 할퀴고 있다. 화가 난다. 도대체 이 아름다운 산을 언제까지 할퀴고 파내고 괴롭힐 것인지! 토막 난 나무들이 줄을 맞춰 누워있다. 욕망에 굶주린 사람들 때문에 못살겠노라 통곡하는 소리가 들린다.

건강한 몸과 사랑하는 처자식, 소중한 부모님, 아늑한 집, 마음을 달래주는 친구들, 이만하면 만족스럽지 아니한가. 여기에다 무엇을 더 보태고 더 가지려하는가. 세속을 떠난 스님이라 물정 모르는 말을 한다고 할지 모르겠다. 하지만 분수에 넘치는 욕심과 고집 때문에 가족도 잃어버리고, 부모님을 슬픔에 빠뜨리고, 집도 재산도 친구들도 모두 떠나버린 경우를 허다하게 보았다. 채워지지 않는 욕망은 스스로를 괴롭힐 뿐 이득이 없다. 이 아름다운 산천에 마구잡이로 생채기를 내는 것 역시 욕망이 빚어낸 결과다. 질주하는 욕망에 제동을 걸어야 할 때다.

말 없는 대화

36일째 … 시월 육일 / 월요일 날씨 : 흐린 뒤 맑음 그리고 흐림(14km)

역시 강원도의 날씨는 맵다. 얼마나 매운지 아침부터 마른기침을 하게 만든다. 게다가 변덕스럽기까지 하다. 비가 올 것처럼 잔뜩 찌푸리다가도 언제 그랬나 싶게 해가 나와 환하게 웃고 있다.

예정보다 빨리 법흥사 입구에 도착했다. 내일은 여기서부터 법흥사 보궁까지 삼보일배를 하며 도착할 예정인데 불광사 신도님들도 동참하기로 했다. 통도사, 정암사에 이어 세 번째 보궁이다. 기대감에 가슴이 뛰고 두근두근하는 심장이 도무지 멈추질 않는다. 처음 출가할 때 그랬던 것처럼 쿵쾅거리는 심장소리가 귓가에 들린다. 정말 하루 종일 기분이 들떠 있다.

절을 하며 지나오는 길에 곧 허물어질 것 같은 폐가를 보았다. 군데군데 무너진 지붕과 구멍이 뚫려 있는 벽은 보기만 해도 스산하고 애처롭다. 그 폐가가 마치 수양이 되지 않았던 내 삶과 별다르지 않다는 생각이 들었다. 견고하지 못한 마음에는 욕망의 손길이 뻗쳐오기 쉽고, 허물어질 것 같은 폐가에 들이치는 비바람을 막지 못하듯이 세상 모든 일은 마음이 근본일진대, 나쁜 마음으로 말하고 행동할 때마다 괴로움이 뒤따르는 것을 막지 못한다.

이처럼 심란한 마음을 잠재운 것은 역시 점점 가까워지는 보궁이었다. 부처님 곁에 가까이 다가갈수록 그리움은 환희로 변하고 무거운 발걸음은 깃털처럼 가벼워졌다.

석광스님이 선두가 되고 나는 뒤를 따랐다. 절을 하며 앞서나가는 석광스님의 뒷모습을 물끄러미 바라보았다. 무엇을 찾아 저리도 애달프고 간절한 모습으로 이 길을 걷고 있는 것일까. 자중스님에게 물어보았다.

"스님은 무엇을 찾고 있나요?"

"찾지 않습니다. 찾을 것도 구할 것도 없음을 알고자 지금 기도하고 있잖아요."

저절로 머리가 끄덕여진다. 참 좋은 스승이자 훌륭한 도반들과 함께 이 순간을 보내고 있음이 행복하다. 법구경 구절이 생각난다.

나그네 길을 떠나는 순례자여.
자기보다 뛰어나거나 비슷한 사람을 만나지 못했거든
차라리 혼자서 가라.
절대 어리석은 자와는 길벗이 되지 말라.

언제부터인지 우리는 말수가 적어졌다. 짧은 휴식시간이 되면 서로 떨어져 각자의 자리에서 생각에 잠긴다. 무엇인가를 말하기보다 흐르는 계곡물 소리를 듣고 새소리와 풀벌레 소리에 귀를 기울인다. 원력이 어머니, 공부는 이런 게 좋으니 하던 논쟁도 더 이상 없다. 그저 "국이 짭니다. 물을 더 부으세요." "햇반이 잘 데워지려면 좀 더 끓이세요." 정도의 말만 오갈 뿐. 말이 없으니 무료할 법도 하건만 다들 만족스런 미소만 가득하다.

어쩌면 그동안 너무 많은 말을 하며 살아온 것인지도 모르겠다. 내가 떠들지 않아도 세상은 충분히 시끄러운데, 이치에 맞는 좋은 말을 한답시고 참으로 많은 말을 했다. 그러나 그것도 과하면 잡소리에 불과하다. 부처님께서는 적은 말씀으로 깊은 진리를 설하셨다는데, 만일 나를 보신다면 이렇게 말씀하셨을지 모를 일이다.

그만 그 입을 닫아라!

법흥사 적멸보궁에서

37일째 … 시월 칠일 / 화요일 날씨 : 맑음(7km)

어제 밤에는 쉬이 잠이 들지 않아, 이지러진 달을 보고 밤벌레 소리를 들으며 뜬 눈으로 오늘을 기다렸다. 이른 아침부터 눈을 부비며 마당을 거닐었다. 산허리를 감은 안개는 아직 잠에서 깨지 않았다. 찬이슬이 가득 맺힌 풀잎에서는 싱그럽고 향기로운 풀냄새가 진동한다.

오늘 아침은 지금까지 느끼지 못한 새로운 기운이 샘솟는다. 온 몸의 근육이 부드러워져 있고 내뱉는 숨결마저 달콤하다. 날아갈 것처럼 신나는 기분을 참을 수 없어 세면을 마친 스님들에게 다짜고짜 외쳤다.

"스님들! 오늘 내 생일이오. 축하해주시오!!!"

자중스님은 놀란 눈으로 정말이냐고 다시 묻고, 눈치 빠른 석광스님은 웃어버린다.

"네. 제 생일입니다. 석광스님도 오늘 생일이고 자중스님도, 밖에 나무와 풀도 저 푸른 산도, 아침안개도 오늘이 생일입니다."

그제야 상황을 알아차린 자중스님이 크게 웃는다. 한바탕 유쾌한 웃음이 지나간 뒤 합장인사하며 서로의 생일을 진심으로 축하해주었다. 법흥사에 도착한다고 생각하니 다시 태어나는 것처럼 기쁘고, 그래서 오늘이 진짜 생일처럼 즐겁다. 이렇게 법흥사가 눈앞에 있다는 것만으로도 설레는 것은 5년 전의 환희를 잊지 않고 있기 때문이다.

5년 전 처음으로 십보일배 순례길에 올랐을 때 법흥사는 설국의 풍경이었다. 새벽예불을 드리려고 문 밖으로 나섰더니, 밤새 내린 눈으로 온 세상은 눈의 천지가 되어 있었다. 그 가운데 새벽의 정적을 깨고 어둠을 물러가게 하는 빛 하나. 그것은 새벽 가로등 빛을 받아 선명하게 반짝거리는 눈이었다. 미명에 싸인 도량에서 오직 홀로 반짝이는 가로등 아래의 눈은 내 마음을 흔들어놓기에 부족함이 없었다. 나도 모르게 뜨거운 눈물이 흘렀다. 고요한 산사의 새벽, 가로등은 환한데 그 밑에 소복이 쌓인 눈은 보석처럼 빛나고 마당 끝에 서 있는 출가수행자는 하염없이 울고 있다. 그날의 감동이 다시 오버랩 되어 마음 한 편이 아련하게 저며 온다. 오늘은 그날 법흥사에서 흘렸던 눈물의 징표를 찾고자 한다.

오전 10시 경 불광사 신도 분들을 태운 버스가 도착했다. 부산에서 이곳까지 먼 거리를 달려 우리들을 응원하러 와 준 분들의 얼굴이 오늘따라 유난히 감격스럽고 반가웠다. 동참한 신도님들과 함께 법흥사 경내를 돌아 보궁 법당까지 삼보일배 하며 올라갔다. 엎드릴 때마다 기도한다.

'우둔한 이 중생이 간절한 마음으로 이곳까지 왔습니다. 저를 가련히 여기시어 저의

보광스님

126.

발원 들어주옵소서!'

갖가지 발원이 끝도 없이 입술을 타고 흘러나온다. 짧은 거리인지라 발원은 더욱 애절하고 간절해졌다.

기도축원을 마치고 점심공양 후 신도님들은 다시 부산을 향해 떠났다. 그들이 떠나간 자리에 잠잠하고 아쉬운 여운이 남는다.

법흥사 종무소에서 방을 배정받아 입실했다. 눕자마자 약속이나 한 듯 모두들 깊이 곯아 떨어졌다. 처음 있는 일이었다. 한낮부터 한 시간 반 동안 누가 업어 가도 모를 정도로 깊은 잠을 잔 것이다. 우리 모두 정암사를 출발한 후 법흥사에 도착할 때까지 말없이 기도발원하며 절하는 것에 집중했다. 그런데 보궁에 도착하자마자 긴장이 풀리며 부처님 품안에 쓰러지듯 편안한 낮잠을 즐긴 것이다. 정말 편안했다.

저녁공양 하기 전 무엇을 발원했는지 서로에게 물었다. 석광스님은 조용히 웃으며 답한다. 모든 불자들의 소원이 이루어지고, 이번 순례기도가 마지막까지 탈 없이 마칠 수 있기를 빌었다고 한다. 더 이상의 소원은 없단다. 자중스님은 일체중생 일신성불을 발원했다고 한다. 모든 제불 보살님들이 소구소망하는 원대한 발원이다.

나는 라오스의 중학교 건립과 마을 계몽이 꼭 이루어지길 발원했다. 라오스에 지은 또 다른 학교, 국기게양대에는 태극기와 라오스 국기가 나란히 휘날리고 잔디가 곱게 자란 운동장에선 아이들이 깔깔거리며 뛰어논다. 수익을 증대시켜 줄 돼지들이 집집마다 꿀꿀거리고, 마을 강 옆엔 마을사람들과 외국인들이 물놀이를 하고 있다. 저녁이 되면 대나무 방갈로에서 낭만적인 음악이 흐르고, 라오스 아이들이 외국여행

자들에게 유창한 영어로 라오스의 역사와 한국의 이야기를 들려주고 있다. 이렇게 상상만 해도 함박웃음이 날 만큼 즐겁다.

상상은 언젠가 현실이 된다. 그날이 오기를 간절히 발원하고 또 발원할 것이다. 세상의 모든 일은 혼자 힘만으로 이루어지지 않는다. 그러니 법흥사 도량에서 시절이 맺어줄 인연을 만나길 빌고 또 빌 것이다.

배가 고프다. 마음이 편안해지고 기쁨이 샘솟을수록 식성도 늘어간다. 별일이다. 이것도 업이려니 하고 저녁공양 하러 공양간으로 염치없는 발걸음을 재촉한다.

이 세상에서 가장 값진 것은 마음에 있고
상처 입은 사람을 사랑함에 있음을 잊지 마세요.
사랑이란 무엇인가요?
자기 자신을 상대방에게 완전히 여는 것입니다.
용서하고 사랑하는 것은
이 세상에서 가장 큰 기적이고
가장 신비한 자비입니다.

보광스님

보름달이 뜨는 날

38일째 … 시월 팔일 / 수요일   날씨 : 해맑음(13km)

법흥사에서 꿈같은 새벽예불을 마치고 아침 공양 후 날이 밝기 전에 다음 예정지를 향해 출발했다. 풀잎 위에 앉아있는 차가운 아침이슬이 절을 할 때마다 손과 무릎을 타고 내 몸속으로 스며드는 것 같다.

법흥사 올 때 왔던 길을 다시 되짚어 내려가려니 절하며 옮기는 걸음이 무겁다. 게다가 30km가 넘는 먼 거리라 마음의 고삐를 단단히 조여야했다. 다음 목적지인 네 번째 적멸보궁 상원사에 도착하려면 평창을 지나 진부를 거쳐 오대산 월정사까지 130km 가량을 가야 한다. 10일간의 여정이라 시간은 충분하다.

법흥사 계곡을 둘러보니 길게 늘어진 펜션들이 참 많기도 많다. 올 때는 몰랐는데 내려오는 길에 여유 있게 돌아보니 족히 수십 개는 되는 것 같다. 주중이라 손님이 없는지 모두 텅 비어 있다. 아침 일찍부터 마을 할머니들이 모여 주말 동안 쌓인 쓰레기를 치우고 있다. 일흔은 넉넉히 되어 보이는 할머니들의 얼굴에 피곤함이 역력하다. 안타까운 마음이 들어 신도님들이 가져다준 홍삼 원액과 단주를 손목에 채워드렸다. 그리고 추운 날씨에 건강 조심 하라는 당부도 잊지 않았다. 합장한 채 감사의 인사를 전하는 할머니들의 눈시울이 붉어진다. 의지할 곳 없이 외로운 할머니들에게 우리의 작은 관심과 격려가 고마웠던 것이리라.

그리고 보니 나도 부쩍 눈물이 많아졌다. 갑작스레 세월의 무상함을 느끼거나 삶이 덧없다고 느껴질 때면 마음 가운데 찬바람이 지나간다. 조금만 감격해도 눈물이 먼저 앞서니 나이가 들어간다는 증거인 모양이다.

"이 양반들 고생하는데 빨리 통일이 되어야 할 텐데, 이런 스님들 때문에 우리가 잘 살고 있어." 당연한 일을 했을 뿐인데 분에 넘치는 칭찬을 받으니 몸 둘 바를 모르겠다.

오늘은 보름달이 뜨는 날이다. 오늘 같은 날에는 가족을 위해 사랑과 이해의 마음이 담긴 편지를 써서 잘 보이는 것에 놓아두면 어떨까. 지친 발걸음으로 집에 들어와 그 편지를 읽는 순간 마음 한가득 밝은 보름달이 뜰 테니까. 나도 오늘은 보름달을 바라보며 내가 아는 사람 모두를 떠올려보아야겠다. 어머니 법장스님, 은사스님, 사형 사제, 나와 인연 맺은 모든 얼굴 하나하나를 그려 볼까한다.

오후에는 자중스님의 신도님들이 어렵게 시간을 쪼개어 온다고 해서 남은 오후 일정을 내일로 미루고 숙소를 찾아다녔다. 가을 성수기라 그런지 숙박요금이 엄두도 못

낼 만큼 비쌌다. 저렴한 숙소를 찾아 한참을 헤매다가 마음 끌리는 대로 차를 세웠는데 잘 꾸며진 고급펜션이었다. 그냥 발길을 돌리려다 혹시나 하는 마음에 주인을 찾아보았다. 신심이 지극한 불자였다. 매일 새벽 하루도 빠짐없이 금강경과 능엄신주를 독송한다고 한다. 우리의 사정을 알게 된 주인장은 하루 30만원 하는 제일 좋은 방을 생각지도 못한 싼 가격에 이틀간 내주었다. 기도하는 스님이 오셨다고 손수 짐까지 옮겨주며 기뻐했다. 흔쾌히 방을 내주며 진심으로 환영하는 주인장한테 감사하고 이 인연 맺게 해 준 부처님께도 감사하다. 남은 순례기도 동안 부처님의 가피가 무량하길 두 손 모아 빌어본다. 나무 관세음보살!

세상에서 가장 행복한 것은 무엇이고
가장 불행한 것은 무엇인가?
부모가 살아 계실 때가 가장 행복하고
부모가 돌아가실 때가 가장 불행하다.

부모는 다섯 가지로 자식을 가르쳐야 한다.
자식을 단속하여 나쁜 짓을 하지 않게 하며
착한 것을 가르치며
학문과 인간의 도를 가르쳐 주며
좋은 배우자를 구해주며
때에 따라 적절하게 사랑을 주어야 한다.

자식이 부모를 공경하는 데도 다섯 가지가 있다.

받들어 봉양함에 모자람이 없게 하며

자기의 할 일을 먼저 부모에게 여쭈며

부모가 하시는 일에 순종하며

부모가 하시는 바른 직업을 대대로

끊어지지 않게 하는 것이다.

_ 선생경

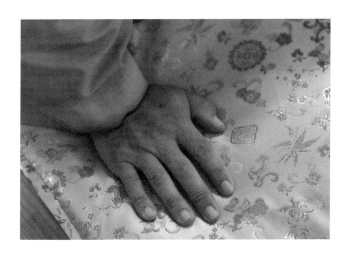

보광스님

솔바람 향기

어제 묵은 곳이 '솔바람 향기' 라는 이름만큼 아름다운 펜션이다. 높고 경사진 언덕
에 자리하고 있어 도로에서는 잘 보이지 않는다. 입소문을 타고 이곳을 아는 사람들
만 찾아오는 이름 있는 펜션인 모양이다. 둘러보니 주인 내외의 세심한 손길이 이곳
저곳에 가득하다. 염소, 닭, 거위, 오리, 토끼 등을 키우고 있는데 숙박객들이 이들을
관람할 수 있도록 농장 같은 시설을 갖추었다. 마치 유럽의 작은 시골 농장처럼 이색
적이다. 여기에다 주인내외의 따뜻한 마음과 넉넉한 인심이 더해져 꼭 다시 찾아오
고 싶은 곳으로 기억되기에 부족함이 없다.

걸음과 절에 집중했더니 모든 생각이 멈추고 무심해졌다. 눈앞에 산도 없는 것 같고
흘러가는 강도 흐름이 없는 것 같았다. 혹 삼매인가? 길 옆 농가의 큰 개가 내 눈앞까

지 튀어나오며 짖는 바람에 집중에서 깨어났다. 놀라지는 않았지만 이 녀석이 맛좋은 순간을 망가뜨려버렸기에 얄미워서 엎드려 같이 짖었다. 개랑 엎드려 기 싸움을 한창 벌이고 있는데 주인이 내다보는 바람에 민망해서 얼른 달아났다. 주인 눈에는 틀림없이 미친 사람으로 보였으리라.

절을 이어가는 데 참으로 마음이 한가하다. 과거의 생각도 없고 오늘, 내일의 기대도 없다.

중국의 선승 향엄스님이 깨달음을 얻고자 여러 선지식들을 찾아다녔는데, 어느 날 길에서 떡을 파는 한 노파와 대화를 나누게 되었다. "과거도 없고 현재도 없고 미래도 없는데 스님은 어느 곳에 마음의 점을 찍겠습니까?" 노파가 이렇게 묻자 스님은 답을 하지 못하고 쩔쩔맸다. 나는 어느 곳에 마음의 점을 찍을 수 있을까?

그 누군들 산 속에 들어가 도를 닦고 싶은 마음이 없겠는가.
그러나 산 속에 들어가 도를 닦지 못하는 것은 세속의 애욕을 떨쳐 버리지 못함이라.
비록 산 속에 들어가 마음을 닦지 못한다 하더라도 늘 부지런히 선행을 닦아라.
_ 원효대사 발심수행장

수묵화

40일째 … 시월 십일 / 금요일   날씨 : 맑음(16km)
─

짙은 안개가 펜션을 에워쌌다. 천상계에 와있는 기분이 이럴까. 짐을 챙겨 떠날 준비를 하는데, 농장의 거위가 안개 속에서 출발 신호를 알린다. 주인의 환송인사를 받은 뒤 영원히 기억에 남을 '솔바람 향기'를 뒤로하고 길을 떠난다. 진리를 찾아 짙은 안개 속을 걸으며 길을 떠나는 순례객들! 길 떠나는 우리의 뒷모습이 다큐멘터리 영상처럼 멋있게 보일까?

2018년 동계 올림픽이 열린다는 평창을 향해 나아갔다. 넓고 긴 평창강을 따라 아름다운 안개그림이 나타났다. 강을 둘러싼 산의 발밑으로 안개가 구름처럼 뭉쳐 회오리 치고, 고요한 강물 위로 뽀얀 물안개가 온천의 수증기처럼 뭉실뭉실 피어오른다. 그 속에 왜가리들이 느리게 날고, 그림자처럼 내가 거닐고 있다. 물안개를 비집고 들어온 햇살에 수면은 보석처럼 반짝인다. 아, 그냥 수묵화다. 너무 좋아서 두 손을 번쩍 들고 이 그림을 안아 버렸다. 절로 즉흥시가 나온다.

가을 아침의 찬바람 타고
물안개가 신선을 불러다
같이 노닐고 있네.
희고 넓은 옷자락을 풀어헤친 신선은
산 밑에서 휘휘 돌며 춤을 추고
물안개는 강위에서 살포시
환희 하는구나.
내가 어찌 그냥 지나치랴!
갈댓잎에 흐르는 이슬 가득 받아
이들과 한 잔 하리다!

희망, 용기, 그리고 기도

41일째 ··· 시월 십일일 / 토요일   날씨 : 또 너무 맑음(18km)

강원도는 안개를 만드는 신이 사는 곳인가! 아침부터 한 치 앞도 구분하기 힘들 정도
로 짙은 안개가 온 세상을 덮어버렸다. 몽롱한 감성이 일어나기도 하지만, 안전이 걱
정된다. 그래서 야광 안전조끼를 입고 절을 해나갔다. 얼마 가지 않아 도로의 한 쪽
차선에서 무엇인가를 매설하는 제법 큰 공사가 진행 중이었다. 양쪽 차선에서 교대
로 통제하며 차량을 교행시키고 있었다.

공사 현장까지 도착한 우리를 향해 공사관계자가 다가왔다. 길이 위험하니 절을 하
지 말고 그냥 걸어서 지나가라고 한다. 한 두 걸음도 아니고 2백 미터는 족히 되는 거
리라 그냥 걸어서 가기에는 마음이 편치 않았다. 먼저 그에게 가벼운 농담을 건넸다.
"제가 입은 조끼를 보세요. 저도 공사 진행 중입니다." 통행을 담당하는 분이 나를 보
며 웃더니 흔쾌히 통과시켜준다. "스님. 저도 불자인데 스님을 뵈니 힘이 납니다. 불

자로서 정말 감사합니다."

온 몸에 힘이 들어가고 울컥 뜨거움이 올라온다. "성불하십시오! 불자님의 삶에 항상 좋은 일만 있기를 빕니다." 서로 반배를 한 뒤 힘차게 나아갔다. 보람찬 순간, 하늘을 나는 기분이다.

2009년 겨울, 십배일보 방송을 본 어느 불자로부터 한 통의 전화를 받았다. 사업 실패로 생을 포기하려다 절하는 나를 보고 크게 감명 받아 부처님 전에서 다시 삶을 이어나가기로 결심했으며, 자신을 살린 사람은 스님인데 전화로 밖에 인사드리지 못해 죄송하다는 감사의 전화였다. 그의 말대로 우리가 기도하는 모습을 보고 비극적 선택을 하지 않았다면 정말 다행스럽고 감사한 일이다. 길 위의 기도가 또 어떤 사람의

운명을 바꾸게 될지 모른다. 종교를 떠나 우리의 행보를 지켜본 사람들이 새로운 희
망과 용기를 가졌으면 하는 바람이다.

이번에는 순례기도 동안 매일매일 쓰는 일기를 책으로 출간할 생각이다. 가슴에 아
로새겨진 우리들의 추억을 평생 간직하고 싶기도 하고, 혹시라도 우리의 순례일기를
읽고 신심을 다지는 이들이 있다면 더없는 보람이라는 생각에 비록 엉성한 글이지만
책으로 펴내고자 하는 것이다. 똑같이 반복되는 삶이 텅 빈 껍데기처럼 느껴질 때 이
책을 읽으며 자기 자신을 되돌아 볼 수 있고, 지난날을 참회하는 기도시간을 갖는데
촉발점이 된다면 무엇을 더 바라겠는가.

더 열심히 해야겠다는 생각에 발걸음이 춤을 춘다. 한창 흥에 젖어 가다보니, 길 옆
에 눈에 띄는 인물들이 서 있다. 큰 솔방울 같은 모자를 쓴 수수와, 노란 의상에 머리
에는 새의 깃털을 꽂은 옥수수들이 바람결 따라 몸을 움직여 인사한다. 마치 내가 왕
이나 된 듯 한껏 턱을 세워 세 번의 맞절을 하며 인사를 건넸다. 한 번은 지금의 나를
위해, 또 한 번은 아름다운 옷을 입고 멋지게 장식을 단 붉은 수수밭과 옥수수밭의
주인공들을 위해, 마지막은 위대한 자연과 부처님께 절을 했다.
바로 뒤쪽 우사에서 우리를 내다보고 있는 20여 마리의 소를 위해서 또 세 번 절했
다. 첫째는 축생의 몸을 벗고 인간으로 태어나기를 바라고 둘째는 사람으로 태어나
불법 만나기를 바라며 세 번째는 혹, 내가 축생의 몸을 받으면 소들도 다음생에는 나
를 위해 똑같이 빌어주길 바랐다. 진실한 마음이 담기는 순간이었다.

오늘따라 유난히 밭에서는 나는 인분 냄새가 고약스럽다. 얼마나 많이 뿌렸는지 한참을 가도 고약한 냄새가 사라지지 않는다. 그래도 사람들이 수도 없이 만들어 내는 악행의 구린내보다 지독할까. 계속된 인분 냄새 때문에 엎드려 절하고 일어날 때마다 '화장실'이라는 단어만 생각난다. 이왕에 머릿속을 떠나지 않으니 장난치듯 시나 지어보련다.

굽어진 먼 길도 비켜 돌아
내 발걸음 도착한 곳이 어디메뇨! 화장실 ~
답답한 인생사 깊은 시름 놓을 곳을 찾아
예까지 왔구나! 화장실~
헛된 세상사 입으로 말해도 구리고,
눈으로 봐도, 귀로 들어도 구릴 뿐!
어디에서 이 허망한 육근을 청정하게 씻을꼬! 화장실~
부질없는 세상사 이곳에 모두 내려 놓고 나니
텅 비어버린 이 마음과 이 몸뚱이는
어디에서 머물는지! 화장실~
언제쯤, 눈 밝은 이가
내 마음의 문을 두드리며 이렇게 말해 줄는지!
"아직도 그곳에 머물고 계시오?"
화장실~

길 위의 49재

오늘은 불광사 신도 분의 어머니를 위해 평창군을 지나 장평리 근처의 조용한 도로
변 쉼터에서 49재를 지냈다. 순례기도를 떠나기 전 돌아가셨는데 나는 미처 그 사실
을 몰랐던 것이다. 가족들은 내가 49재를 집전해 주길 원했다. 그러나 먼 길을 떠나
기도중에 있는 몸이라 여법하게 49재를 지낼 수 있는 형편이 아니다. 그럼에도 불구
하고 나를 믿고 부탁하는 가족들의 입장을 헤아려 조심스럽게 말을 건넸다. 길 위를
법당삼아 49재를 지낸다면 정성껏 재를 올려드리겠노라 했더니 망설임 없이 허락을
한다. 어제는 그런 연유로 부산에서 출발한 가족들이 장시간을 달려 장평리 숙소까
지 찾아왔던 것이다.

가족들이 우리의 기도원력을 진심으로 믿어주었기 때문에 가능한 일이다. 여법한 법

당이 아니라 황량한 길 위에서 어머니의 49재를 지낸다는 것을 일반인은 이해하기도 받아들이기도 힘들다. 내가 늘 해왔던 '부처님이 머무는 곳이 곧 법당'이라는 말을 한 치의 의심 없이 믿고 따르는 신도님이기에 기쁘게 동참할 수 있는 것이다. 이처럼 순수한 신심을 가진 분들이라 가족과 영가를 위해 더욱 정성을 들이고 마음을 다해 재를 올리기로 했다.

그런데 길옆의 쉼터에 법당을 마련하고 가족들이 정성껏 준비해 온 제물을 차리고 보니 초라해 보인다. 미안한 마음에 조금이라도 더 가족들의 마음을 헤아리고 서운함을 덜어주기 위해 "음식과 제물에 법력이 있는 것이 아니라 기도하는 우리들에게 법이 있으며, 우리들이 머무는 곳이 법당이니 지금 이곳이 바로 법당입니다." 라고 위로의 말을 전했다. 그러나 내 말은 사족에 불과했다. 49재에 동참한 가족들의 눈빛은 어떤 상황과 조건에도 흔들리는 않는 단호한 신심을 웅변하고 있었다.

동참한 사람들 모두 한마음으로 염불하며 망자에게 우리의 마음을 전했다.

"태어나서 지금에 이르러 몸을 잃었으니, 애착하고 집착했던 모든 세상의 인연과 내 것이라고 생각했던 모든 것들이 허망한 환영 같습니다. 슬픔도 비망의 이슬 같고, 기쁨도 괴로움도 뜨거운 한낮의 햇빛과 같아 시간이 지나 밤이 되면 사라지듯이…… 이런 것 때문에 헛되이 훌쩍 지나버린 인생 한여름 밤의 꿈과 같으리. 이제 가을이 되어 잎이 떨어지듯 모든 집착과 근심 내려놓고 떠나가십시오. 저 하늘의 흰 구름 따라 발걸음 내디디시고, 바람 부는 대로 걸림 없이 다니시며 마음가는 곳마다 머물다 떠나는 자유로운 영혼이 되십시오. 이때까지 자녀들과 가족들의 행복을 위해 애 많이 쓰셨습니다. 오늘 이렇게 정성스럽게 먼 길을 달려와 사방으로 막힘없는 이곳에서 영가님의 왕생극락을 빌고자 모두 모였으니, 이 정성스런 염불과 공양 받으시고 품에 안은 애착의 보따리 내려놓으소서! 미약하고 우매한 소승들이 부처님의 힘을 빌어 청정한 감로차 올리오니 이 차 한 잔 드시고 갈증 푸시고 푹 쉬십시오. 오늘 저희들 인연자들이 영가님 떠나시는 길 마음으로 손 흔드오니 뒤돌아보지 마시고 흐르는 구름타고 웃으며 떠나십시오. 혹 보고 싶어서 돌아오려거든, 매년 가을이 올 때마다 아미타부처님 연꽃을 준비할 것이니 그 연꽃 타고 오십시오. 영가님의 편하게 떠나시는 길, 아쉬움 대신하려 차 한 잔 다시 올리오니 한 잔 하시고 바람 따라 푹 쉬옵소서. 나무아미타불."

부산까지 내려가야 할 가족들을 떠나보내고 나니, 나도 아버지 생각에 또 눈가가 떨린다. "아버지. 제 등이 지겨울 땐 염불소리로 예쁜 연꽃등 만들 테니 그것 타고 극락세계 실컷 구경하고 다시 돌아오세요." 눈을 감고 아미타부처님의 손바닥에 연꽃등을 만든다. 아! 나무아미타불.

태풍의 간접 영향으로 비가 올 거라더니, 하늘은 거짓말처럼 파랗다. 파랗게 웃는 하늘 위로 연꽃등 두 개를 높이 날려 보냈다.

게으름은 가라

43일째 … 시월 십삼일 / 월요일 날씨 : 비바람 (19km)

일본해상으로 진입한 태풍 '봉풍'의 간접영향 때문에 새벽부터 비가 내렸다. 비가 오더라도 절을 하기로 결정했다. 상원사 진입로까지 도착하려면 3일 쯤 소요돼 전체 여정에서 이틀의 시간적 여유가 생겼다. 그러니 비바람이 부는 오늘은 하루 정도 쉬어도 문제가 되지 않는다. 하지만 나는 굳이 오늘 같이 험한 날을 골라 절을 하고 싶었다.

하루 평균 18km씩 나아가는 속도를 감안하면 쉬엄쉬엄 가도 55일이면 순례를 회향하기에 충분하다. 정말이지 스님들이 기대 이상으로 잘해 주었기 때문이다. 그러다 보니 쉬는 날이 많아지고, 생각지도 않았던 편안한 순례여행이 되어버렸다. 그만큼 나태와 게으름도 동반되었다. 때때로 고행이라 말하기 민망할 만큼 편안했던 날이 있었다. 그런 까닭에 오늘은 세찬 비바람을 맞으며 온 몸이 지치도록 고생하고 싶었다. 그러나 그러한 희망도 잠시, 곧 비가 그치고 세찬 바람도 잠잠해져 버렸다. 하늘이 도와주지 않는다.

두 스님은 궂은 날씨에도 아랑곳하지 않고 순례를 강행하는 나를 묵묵히 따른다. 얼마나 걸었을까. 평소 같으면 어떤 의문도 없고 불신도 없던 스님들이 오늘은 나에게 묻는다. 일정에 여유가 있으니 하루 더 쉬고 내일쯤이나 할 것이지 굳이 오늘 같은 날 하느냐고.

"뒤돌아보면 5년 전 십보일배 기도 때에는 칭찬 듣고 싶은 욕심이나 끝까지 해내야 한다는 오기가 있었어요. 그래서 이 악물고 혼자 혼신의 힘을 다해 강행했지요. 그 과정에서 용기는 얻었어요. 그런데 시간이 가면 갈수록 내가 빈껍데기처럼 느껴지고 자꾸만 세속화 되어가고 있다는 것을 알게 되었어요. 이번 십보일배 기도는 라오스 중학교 건립과 마을 계몽을 위해 나와 함께할 소중한 인연을 찾기 위한 목적이 있기 때문인지 저번하고는 좀 다른 것 같아요. 칭찬이나 오기보다는 궁극적인 지혜와 자비를 생각하게 되요. 또 오랜 주지 생활과 게으름에 젖어 잃어버렸던 나를 천천히 찾아가고 있거든요. 그런데 스님들이 절을 너무 잘 하기도 하고, 교대로 나누어서 하다 보니 점점 편안한 기도가 되어가고 있더라구요. 그래서 점점 나태해지려는 나 자신에게 미안한 마음이 들어요. 그러니까 호되게 고생하고 싶어 하는 저를 오늘만 좀 봐주세요."

두 스님이 껄껄 웃으며 말한다.

"그럼 오늘은 우리들도 보광스님을 위해 엎드려 드리지요."

오늘처럼 티 내지 않고 평소에 좀 더 분발하면 될 것을 스님들에게 유난을 떤 것 같아 창피한 마음을 감출 수 없다. 수행의 적, 게으름을 이기기에는 아직 신심이 부족한 모양이다. 그래도 두 스님이 울타리가 되어 같이 있기에 언제나 마음이 든든하다.

절을 하며 흘린 땀이 찬바람에 식더니 한기로 변해 몸을 파고든다. 그래도 속이 시원하다. 청량한 탄산음료 한 잔을 마신 것 같은 기분이다. 자중스님과 석광스님도 한기 때문에 몸을 떨고 있지만, 눈에서는 웃음이 떠나지 않는다. 나를 배려해서 기도에 동참해 준 스님들에게 미안하고 고맙다. 수행자로서 동고동락 하며 형제의 정을 키워나가고 있는 우리는, 어쩌면 전생부터 맺어진 필연의 형제일지도 모르겠다.

바람이 너무 차다. 자칫하면 몸에 냉기가 들 것 같아 걱정이 되기도 하지만 오늘 계획한 일정은 예정대로 회향할 것이다. 점심공양은 자중스님의 신도 두 분이 준비해 온 맛깔스런 음식이었다. 구미에서 여기까지 4시간을 달려 온 것도 고맙지만 공양시간에 맞추어 따뜻한 밥과 국이 식지 않도록 정성을 들인 것도 참으로 감사했다. 오늘은 날씨가 추워 식당에서 따뜻하게 몸을 녹이며 점심을 때우려 했다. 하지만 신도님들이 준비해 온 정성을 생각해서 찬바람 부는 길옆에서 몸을 떨며 점심공양을 했다. 참 맛이 좋다. 솜씨도 훌륭했지만 정성을 더한 음식이기에 더욱 맛이 좋았던 것이리라. 점심공양을 마치자마자 신도님들은 우리의 기도를 방해하는 것 같다며 서둘러 떠났다.

자중스님 신도 분들이 준비해 온 공양 덕인지 한기가 덜할 뿐만 아니라 절하며 앞으로 나아가는 속도도 훨씬 빨라졌다. 오후 3시 40분경 회향했으니 평소보다 40분 정도 시간이 단축되었다. 서로의 어깨를 툭툭 치며 말없는 격려를 전하고, 밀려오는 피곤함을 즐겼다. 바람이 점점 더 차가워진다. 따뜻한 목욕물 생각이 굴뚝같다.

오늘은 진부면 시내에서 따뜻한 원두커피와 쿠키를 두 스님에게 대접해야겠다. 고맙고 미안해서.

무심도인

언제 비바람이 불었나싶게 둥근 해가 방긋거린다. 진부를 지나 오후 3시30분쯤 월정사 입구에 도착했다. 시간도 무시한 채 계속 내달리고 싶었지만, 일정상 11km는 남겨 두고 여기서 마쳤다. 며칠 뒤 상원사까지 삼보일배를 함께 하기로 신도님들과 약속을 했기 때문에 일정 안배를 해야 했다. 게다가 내일은 양산 통도사에 다녀와야 할 일이 있어 아쉬운 걸음을 여기서 멈춘다.

전국의 25개 조계종교구본사에서 종회의원 선거가 있기 때문에 부득이 통도사에 다녀와야 한다. 투표가 뭐 그리 중요해서 기도를 중단하고 발길을 돌리는가 싶기도 하지만, 통도사 대표로 일 할 중요한 일꾼을 뽑는 일이라 투표권을 가진 재적 승려로서 소중한 한 표를 행사하려는 것이다. 또한 통도사 어른스님들과 은사스님께서 우리가 어디까지 갔는지 궁금해 하실 것이라 짐작돼 안부 인사도 올릴 겸 다녀올 예정이다. 이틀 동안 내가 자리를 비우는 사이에 두 스님은 가까운 강릉 바닷가에서 지내기로 했다. 기도를 중단하고 내려가는 내가 그리 달갑지는 않을 터인데 아무 내색 없이 내 의견에 따라주니 면목이 없다.

일단 우리는 강릉으로 차를 몰았다. 날이 저물기 전 강릉에 도착해서 바다가 보이는 한적한 곳에 숙소를 정하고 김치찌개로 저녁식사를 간단하게 해결했다. 편한 자세로 숙소에 누워 여기까지 오는 동안 우리들이 했던 일들을 떠올려 보았다. 힘들었지만 재미있었던 일상이 그림처럼 스쳐지나간다.

피자와 스파게티를 좋아해서 시골 면소재지에서 절대 있을 리 없는 레스토랑을 찾아 헤매던 자중스님, 어리광스럽고 때 묻지 않은 순수함이 매력이다. 출가 햇수로는 막내이지만 이것저것 세심하게 챙기며 맏형 역할을 꿋꿋이 잘 해내는 석광스님, 웃을 때마다 유독 눈이 먼저 닫히고 앞니가 살짝 벌어져 마성의 매력이 넘친다. 두 스님을 가만히 쳐다보았다. 열심히 발톱을 깎고 있는 석광스님, 칼을 가지러 가기 귀찮아 앞니로 사과를 깎아 먹고 있는 자중스님이 진짜 도인일지도 모른다. 하하하!

가만 생각하니 한 조각 구름 같은 인생사 도인이 별것인가 싶다.

고통도 슬픔도 기쁨도 즐거움도 노래 한 곡, 술 한 잔에 털어버릴 수 있는 평범하고 편안한 삶 속에 도인이 있는 것 아니겠는가.

평범한 일상을 사는 수많은 얼굴을 떠올리다 어머니를 생각하게 되었다. 그리움이 사무친다. 오늘은 무슨 일이 있어도 전화를 해야겠다. 그리고 "감사합니다! 사랑합니다!"라는 말을 꼭 드려야겠다. 이 말을 하려면 왜 이리 힘들고 용기가 필요한지. 그래서 한 번도 말해 본 적이 없다.

"저를 낳아주셔서 정말 감사합니다. 그리고 지금 제 곁에 계셔 주어 정말 행복합니다. 사랑합니다. 어머니!"

오늘은 정말 용기가 필요할 것 같다. 이럴 땐 다라니라도 한 편 외고 전화를 해야지. 힘내라! 뚱보, 보~광!

도시의 삶

김효정 거사님이 나를 부산까지 데려가기 위해 먼 거리를 달려왔다. 업무 때문에 잠시도 쉴 틈이 없는 분이 바쁜 시간을 쪼개어 강릉까지 왔으니 반가우면서도 미안함이 앞선다. 중국 출장 때문에 지금이 아니면 나를 볼 수 없으니 무슨 일이 있어도 데리러 가겠다고 해 자꾸만 사양하기도 어려웠다. 소리 없이 나를 걱정해주는 마음이 더욱 감사할 뿐이다.

달리는 창밖으로 우리들이 절하며 걸어온 길이 보였다. 차로 가면 하루도 걸리지 않는 거리를 44일이나 걸었으니 정말 먼 거리임이 실감난다. 사실은 앞만 보고 가느라 시간 가는 걸 별로 느끼지 못했다. 오히려 내가 살아온 인생을 책을 펼쳐보듯 되돌아보는 시간이었기에 행복했고, 먼 거리는 짧아졌다. 산을 이해하며 사랑하는 법을 배

웠고, 온 몸으로 가을을 맞이하는 낙엽을 보며 두 손 들어 환호했다. 계곡을 타고 흐르는 유리알처럼 맑은 물에 답답한 마음을 실어 보내며 시원해했고, 노랗고 붉게 익어가는 들판의 풍경을 보고 가슴 쓸어내리며 감동의 눈물을 흘렸다. 마치 짧은 단편 영화를 보는 것처럼 달리는 차창 밖으로 내가 걸어온 순례길이 휙 지나가 버렸다. 정의할 수 없는 비애가 마음을 흔든다.

긴 상념에서 빠져나올 때쯤 부산이 가까웠음을 알게 되었다. 얼마 전까지만 해도 내가 살던 도시가 낯설어 보인다. 새로운 도시에 새로운 사람들이 바쁘게 거리를 지나는 것 같다. 부산을 떠나 있던 짧은 시간 동안 내가 변해버린 것일까. 내가 살던 익숙한 곳으로 돌아왔다는 즐거움과 반가움보다 오늘 떠나온 강원도 산골로 돌아가고 싶은 마음이 앞선다. 내 마음은 아직도 두 스님들이 있는 길 위에 머물고 있었다. 내일 두 스님들이 있는 순례길에 복귀하더라도 19일 뒤면 다시 내 삶의 터전인 이곳으로 되돌아와야 한다고 생각하니 불쑥 찾아오는 이 갑갑함은 무엇이란 말인가.

예전에는 도시의 삶에 대해 관심을 가져보지 않았다. 그냥 중생들이 살아가는 보편적인 삶의 터전이라는 생각만 하고 산중에서 무심하게 살았다. 그러나 도시에 내려와 살아보니 마냥 무심하게만 보아서 될 일이 아니었다. 도시는 좋다 나쁘다의 구별이 무의미하고 이런 각박한 곳에서 살아내려면 모든 것을 있는 그대로 받아들이는 용기가 필요하다는 것을 알게 되었다. 그 가운데 가난과 외로움, 피곤함에 지쳐 삶의 윤기가 바래는 이들이 적지 않다는 것도 알게 되었다. 내가 해야 할 일은 지쳐버린 사람들을 부처님이 열어 보인 그 길로 인도하는 길잡이 역할이다. 그래서 나는 내가 사는 도시로 다시 올 것이고 누구보다 치열하게 열심히 수행하고 공부할 것이다.

도시의 삶에 지친 어떤 사람이 이런 질문을 했다.

"스님. 어떻게 해야 모든 짐을 내려놓고 자유로운 영혼을 가질 수 있습니까?"

"만일 당신이 아주 고급스럽고 값진, 세상에서 보기 드문 귀한 옷을 입고 있다고 칩시다. 행여나 이 귀한 옷에 더러운 것이 묻을까, 찢어질까, 누가 훔쳐갈까 노심초사하며 근심 걱정으로 매일 두려워하고 편히 잠도 못 이룰 겁니다. 만일 나라면 잘 보이지 않는 속주머니를 스스로 뜯어내 버릴 겁니다. 그러면 이젠 귀한 옷이 아니니 집착하는 마음도 사라질 테니까요. 어디를 가든 편하게 다닐 수 있겠지요. 속주머니는 나중에 다시 꿰매도 되니까요."

바른 길잡이가 되었는지도 모르겠고 이런 말이 도움이 되었는지는 모르겠지만, 그분이 언젠간 스스로 속주머니를 과감히 뜯어버리길 바랐다.

보광스님

다시 강원도로

예년에 비해 일찍 찾아온 추위 때문에 겨울 등산용 티셔츠와 절 할 때 입을 두꺼운 옷을 조용히 챙겨가려고 하는데, 불광사에 내려온 걸 신도님들이 어떻게 알았는지 아침 일찍부터 나를 찾는다. 헤어졌다 다시 만나는 가족처럼 반갑다. 어떤 분은 반가움에 복받쳐 나를 보며 눈물까지 흘리신다. 나의 순례기도가 모진 고행처럼 보였던 모양이다. 별 일 없이 수월하게 하고 있으니 걱정하지 말라고 안심시킨 뒤, 짧은 인사를 마치고 통도사로 향했다.

많은 스님들이 설법전 투표소에 삼삼오오 모여 반갑게 인사를 나누고 있었다. 나도 오랜만에 보는 스님들과 인사를 나누었다. 오늘처럼 사중에 중요한 일이 있으면 오랫동안 보지 못한 도반을 비롯해 구름과 바람처럼 정처 없이 다니는 스님들을 모두 만나 눈인사라도 나눌 수 있다. 운수납자들답게 투표를 끝낸 스님들은 순식간에 사라져버린다. 정말 바람 같고 구름 같다.

통도사 주지실에 들러 원산 큰스님께 인사 드렸다. 어디쯤 도착했으며, 불편한 곳은 없는지 자상하게 물어보신다. 이번 순례기도에는 통도사 주지스님께서 특별한 관심과 응원을 보내주셨다. 불광사에서 떠나는 날 우리들의 출발을 증명해주셨고 통도사 보궁에 도착했을 때도 직접 마중까지 나와 따뜻한 격려를 해주셨다. 사형인 문수스님도 몸은 괜찮냐며 근심스런 눈빛으로 바라본다. 그저 무릎이 전보다 못 할 뿐이지, 가장 행복한 시간을 보내고 있는 내가 아플 리가 없지.

내가 믿고 지지하는 후보자 스님에게 소중한 한 표를 행사하고 나 역시 서둘러 떠났다. 두 스님이 기다리고 있을 월정사까지 가려면 한시가 급하다. 올라 갈 때는 라오스봉사회 총무님인 김동현 거사님과 동행했다. 나를 월정사까지 태워주면서 자신도 하루정도 십보일배에 동참하려는 알찬 계획을 세워놓았던 모양이다. 이번 순례일기를 책으로 출간할 때 필요한 자료 사진을 촬영하기 위해 출판사의 김나영 기자도 동행했다. 월정사에 도착해보니 오대산문화축제 때문에 우리가 머물 방사가 없었다. 할 수 없이 내일은 월정사 산문에서 절을 시작하기로 하고, 10킬로 밖의 숙소에서 묵기로 했다. 바라보기만 해도 즐거운 사람들과 함께 있어서 그런지, 온 가족이 가을 낭만 여행을 떠나온 듯 행복하다.

내일 아침은 가을의 절정이리라. 엎드려 절하며 상원사 적멸보궁으로 향할 우리들을 상상하니 가슴이 뛴다. 진정되지 않는 심장을 안고 겨우겨우 잠을 청한다.

화엄세계

47일째 … 시월 십칠일 / 금요일   날씨 : 맑지만 춥다(13km)

새벽부터 잠을 설쳤다. 두근거리는 심장이 깊은 잠을 허락하지 않는다. 두 스님들도 김동현 총무님도 새벽부터 앉아 있거나, 책을 읽고 있었다. 나만 두근거리고 설렌 것이 아니었나 보다. 법흥사에 도착하기 전 날에도 지금처럼 모두들 잔뜩 부풀어 있었는데.

산에는 모든 것이 빨리 도착하는 것 같다. 아침 햇살도 이슬도 서리도 겨울도 먼저 와 있다. 새벽 날씨는 벌써 한겨울이다. 두꺼운 겨울옷을 챙겨 온 게 다행이다. 그 옷이 없었으면 오들오들 떨 뻔 했다.

숙소에서 간단히 아침을 해결하고 한껏 비장한 표정을 지으며 월정사를 향해 떠났다. 월정사를 지나 도착한 중대 사자암은 생각했던 것과 다른 그림을 연출하고 있다.

보광스님

가을단풍이 절정을 이룬 주말이라 그런지 많은 차들과 등산객들로 온 산이 시끌벅적하다. 얼마나 요란하게 떠드는지 사찰관람 예절을 부탁하려고 해도 소용이 없을 정도로 심각하다. 관람 온 일본관광객들도 인상을 찌푸린다. 안타까움이 일어나 마음이 불편해졌다. 그러나 곧 부질없다는 생각이 들어 주변에 팔린 시선을 거두고 다시 기도에 집중했다.

삼보일배를 하며 적멸보궁에 도착하니 또 다시 눈물이 뚝뚝 떨어진다. 법당 뒤쪽에 숨어서 소리 없이 울음을 참는데, 목에서 꺼이꺼이 거위 소리가 난다. 누가 들을까봐 창피했다. 발원도 없다. 슬픔도 아니고 기쁜 것도 아닌데 그냥 울고 싶었다. 얼마나 시간이 흘렀을까, 마음이 고요하고 편안해진다. 적멸보궁에서 따뜻한 바람이 불어와 내 몸속의 먼지를 쓸어 나간다.

보궁에서 보는 산의 풍경은 말 그대로 화엄세계다. 아름답기도 하지만 화려한 위엄이 온 산에서 뿜어져 나온다. 그래서 이곳을 산 전체가 사리탑이라고 말하는가 보다. 깊은 산속의 천년고찰 적멸보궁, 석가모니 부처님의 사리가 모셔진 영험도량! 절을 하며 숨 가쁘게 찾아 왔더니 다시 돌아가라 한다. 돌아가야 할 그곳이 내가 있을 곳이란 걸 이제 알았으니 이왕 이렇게 나온 거 산천이나 구경하며 돌아가야지. 만약 돌아 간 곳에서 다시 떠나라 한다면 뒤도 돌아보지 말고 떠나버리자. 그때도 이렇게 산을 보며 노닐어야지.

새벽별

48일째 ⋯ 시월 십팔일 / 토요일   날씨 : 맑음(20km)

—

사자암 적멸보궁에서 새벽예불을 마치고 법당을 나섰다. 하늘에는 새벽 별들이 총총
히 빛나고 있다. 어린 행자시절 뒷방 노스님들이 하신 말씀이 생각난다. 옛 스승님들
의 영혼이 저 하늘 별이 되어 새벽의 캄캄한 하늘을 빛내고 있다고 했다.

그때는 노스님들의 말을 의심하지 않고 믿었다. 잠시 법당 앞에 앉아 하늘을 바라보
며 보석처럼 빛나는 옛 스승님들의 영혼과 눈을 맞추었다. 그리고 새벽별 수만큼 많
은 사람들을 떠올렸다. 집착하지 않고 머물지 않는 자유로운 해탈을 얻어서 저 하늘
의 별이 되어야 할 텐데, 언제쯤 이 중생의 몸이 끝나려나.

머리를 훑고 가는 찬바람과 기도스님의 목탁소리가 나를 법당 앞 마당에 붙잡아 세
운다. 고요한 새벽, 부처님을 마주보며 수행자임을 더욱 깊이 각인하는 순간이다.

아침 공양을 마치고 길을 떠나려는데 사자암 주지이신 해량스님께서 나를 잠시 보자고 한다. 뜻밖에도 주지스님이 백만 원이 담긴 봉투를 내밀며 라오스 학교 건립과 계몽활동에 써달라고 하신다. 가슴이 뭉클해졌다. 인연을 기다리는 나의 원력을 주지스님께서 먼저 알아주신 것이다. 힘이 불끈 솟고 평생 잊지 못할 고마움과 용기를 얻는다.

공양을 마친 신도님들과 사자암 입구에서 터를 잡고 다섯 번째 천도재를 정성스레 지냈다. 헤어짐을 아쉬워하는 불광사 신도님들과 설악산 봉정암에서의 만남을 약속하고 다시 절을 하며 나아갔다. 산에서 벌어진 단풍 잔치는 밤이나 낮이나 식을 줄 모른다. 우리는 지금 이 가을의 잔치를 원 없이 즐기고 있다. 아름다운 색의 향연에 눈이 멀어 돌아가지 못할지도 모르겠다.

점심공양 때쯤 생각지도 않은 분이 방문했다. 부산진구 갑에서 국회의원을 지냈던 허원재 의원님인데, 어제 저녁 어디쯤 도착했는지 궁금해 하는 문자가 왔길래 답을 드렸더니 이곳까지 직접 온 것이다. 내일부터는 국정감사 기간이라 시간을 낼 틈이 없어 부득이 오늘 아침 일찍 경기도 과천에서 이곳까지 달려오신 것이다.
예상하지 못했던 특별한 만남이라 더욱 감사하고 힘이 된다. 5년 전 순례기도 때에도 설악산 백담사까지 달려와 나를 응원해주셨던 불자님이다. 도로 주변에 식당이 없다는 것을 생각해 김밥을 챙겨 오셨다. 점심공양은 길 위에서 의원님이 가져온 김밥으로 대신했다.

해발 800m가 넘는 진고개를 넘어 가는데 오늘은 조금 힘들다. 체력이 점점 고갈되는 모양이다. 그래도 일정이 얼마 남지 않아 마음은 편안하다. 이 고개를 넘고 넘다보면 언젠간 끝이 있듯이 내 업의 굴레도 끝이 있을 것이다. 결국 나는 고갯길을 넘으며 나 자신도 넘고 있는 셈이다.

높은 산허리에서는 벌써 화려한 가을이 저물고 있다. 옛 스승님 들의 말씀은 틀린 게 하나 없다. 그러니 정말로 산은 산이고 물 은 물이다.

고갯길

49일째 … 시월 십구일 / 일요일   날씨 : 맑음(26km)

우리가 어제 머물렀던 곳은 늘벗펜션이다. 주인장은 서울에서 살다가 산 깊은 이곳에서 펜션을 운영하며 자연과 더불어 한적하게 살고 있었다. 특히 주인 보살님과 딸은 신심 있는 불자였는데 우리들을 맞이할 때나 대할 때면 언제나 합장하는 것을 잊지 않았다. 순례기도 중인 우리의 이야기에 무척 놀라며 일곱 사람이 충분히 머물만한 큰 방을 내주며 하루 동안이라도 편히 쉬었다 가라고 한다. 우리들의 기도순례에 마음이라도 동참하고 싶다며 한사코 숙박비를 거절했다.

게다가 따님은 저녁공양을 대접하고 싶다며 우리들을 조용한 산골식당으로 안내했다. 주인이 직접 채취한 향이 진한 산나물로 만든 산채 비빔밥과 더덕구이가 우리들의 입을 호강시켰다. 눈은 산의 화려한 색채에 호강하고, 마음은 불자들의 신심에 호강하고, 입은 산이 키운 나물 향기에 호강했다.

"이 세상 많고 많은 일 가운데 스님 생활은 하늘이 내려준 것 같습니다. 밥을 공양 받고 잠자는 곳을 공양 받으며 마음 닦는 공부도 얽매임 없이 자유롭게 할 수 있으니, 난 다음 생에도 스님이 아니면 태어나지 않으렵니다." 나의 농담에 두 스님도 공감하는지 환한 미소를 짓는다.

내일부터 전국에 찬바람이 불고 천둥 번개가 치며 많은 비가 내린단다. 어마무시한 일기예보를 접한 뒤 오늘은 마음을 단단히 먹고 당차게 강행하기로 했다. 걸어온 시간이 늘어나는 만큼 몸도 지쳐 가지만, 예상치 않게 가을비가 자주 내려 체력을 더 많이 소모시킨다.

늘벗펜션을 지나 깊은 계곡이 흐르는 부연동 마을을 향해 길을 나섰다. 해발 1000m는 족히 될 듯한 가파르고 꼬불꼬불한 고갯길을 절을 하며 가다보니 땀도 많이 나고 힘들다. 짐을 실은 트럭도 심하게 굽어 도는 고갯길에다 비포장 길이 많아 곤욕을 치렀다. 트럭 한 대 겨우 통행할 정도의 좁고 험한 고갯길이 20km나 이어진다. 일반 사람들은 이 길을 잘 모를 정도로 산골 중의 산골이다. 길은 위험한데 첩첩산중의 경치는 선계의 그것이라 해도 과언이 아니다.

몸이 약한 자중스님이 오늘은 정말 힘들고 고단했는지 혀가 입술 위에 축 늘어져 있다. 겨우 숨만 할딱거린다. 한 여름의 귀여운 치와와 같기도 하다. 석광스님도 나도 힘들긴 매한가지다. 그래도 오늘만큼은 초강행군으로 밀어붙였다. 그래야만 내일부터 이틀 동안 차가운 비바람 속에서 절하는 것을 피할 수 있다. 비바람 속에서 절을 하면 자칫 심한 감기에 걸릴 수 있기 때문에 가급적이면 피해야 한다.

도로 상황이 좋은 주문진 방향으로 길을 잡을 수도 있었지만, 험하긴 해도 이 길로 가면 40km 정도 거리를 줄일 수 있기 때문에 부득이 이쪽으로 방향을 잡았다.

매일 하던 길 위의 사시불공도 생략하고 점심공양도 대충 때운 뒤 3km씩 순서를 바꿔가며 강행했다.

고갯길 정상을 넘어 길고긴 길을 따라내려 오니 맑고 깨끗한 넓은 계곡이 나타난다. 군데군데 들깨를 수확하는 마을 사람들이 자연과 어우러져 편안한 산골마을의 정겨움을 더한다.

생각하면 할수록 옛 사람들은 어떻게 무거운 짐을 지고 이런 길을 다녔을까 싶다. 옛 사람들의 인내와 고행이 짐작이 돼 머리가 절로 머리가 조아려 진다. 지금은 너무 편하고 풍족한 세상이라 작은 것에는 고마워할 줄 모른다. 살면서 방탕하게 마구 쓰고 내다버린 것은 쓰레기가 아니라 앞으로 내가 받을 과보다. 모든 물건이나 음식에는 그것이 있기까지 얼마나 많은 공력과 정성이 들어갔는지 헤아려 소중하게 다루고 감사하게 먹어야 함을 이곳 깊은 산중에서 다시 생각한다.

부연마을과 어성전마을을 지나 양양 쪽으로 넓게 나있는 도로 입구에서 오늘의 힘든 여정을 끝맺었다. 오랜만에 힘든 하루를 보내고 나니 기도의 의미가 더해지는 것 같아 즐겁다.
"낯설지 않은 평범한 길 위에도 도가 있었고 평범한 이치에 깊은 도가 있었다. 평범해 보이는 길 위를 내가 걸어가고 있고 잘난 줄만 알았던 내가 가장 평범하다."

성내는 마음을 가라앉히면 마음이 편안해지고 근심과 걱정이 사라진다. 성냄은 독의 근본, 성냄을 없애고 인욕을 실천하는 사람을 모든 성인들은 칭찬한다.
_ 잡아함경

이유있는 이탈

비가 와서 오늘과 내일은 쉬기로 했다. 백담사까지는 90km를 남겨두었다. 시간적 여유도 있는데다 점점 떨어지는 체력을 휴식으로 보강해야 할 필요가 있었다. 또 다른 이유는 동해바다를 보고 싶어 하는 우리들의 간절한 열망 때문이었다.

유리광 보살님이 일러준 대로 속초 해변에 위치한 동해콘도에서 출가자로서는 감히 할 수 없는 일탈을 즐기고 있다. 부처님 전에 민망한 마음도 잠시 뿐, 빼어난 바다 경치에 정신을 놓아 버렸다. 아침 일찍부터 내리는 찬 가을비 때문인지 바다에는 해무가 가득하다.

부산에도 바다는 있지만 스님들이 찾아가 앉아 있기에는 여러 가지 점에서 쉬운 일이 아니다. 그런데 동해 바다는 내가 사는 곳에서 한참 벗어났다는 해방감 때문인지 전혀 다른 세상의 바다 풍경으로 다가온다. 내 생에 이런 이유 있는 일탈을 즐길 수 있는 날이 오리라 생각이나 해보았나. 그저 배낭 메고 여행을 떠난 적은 있지만, 순례기도라는 당당하고 아름다운 이름의 여행은 하지 못했다. 십보일배 순례기도는 '만행'이라는 이름으로 대신해도 될 만큼 순수한 부처님의 가피이며 선물이었다.

수행의 진전이 더디고 화두를 참구하다 벽을 만나면 힘들어 하고 갑갑해 하는 스님들을 많이 보았다. 이럴 때는 다시 한 번 자신의 수행을 단단히 다지고 만행 속에서 일탈을 즐길 수 있는 이 순례기도가 제격이리라. 돌아가면 이런 기도로 답답한 마음을 달래 보라고 권할까 한다. 이런 것이 이유 있는 일탈의 수행법이 아니겠는가.
자중스님이나 석광스님은 기도와 수행, 자유와 일탈을 동시에 누리는 것을 매일매일 즐거워하고 있다. 그래서 나는 또 매일 순례기도에 동참시켜 줘서 고맙다는 공치사를 듣는다. 자중스님이 포교당을 비우고 떠난 뒤 신도님들은 신심이 증장되었고 스님은 자신을 더욱 존중하게 되었다고 한다. 다음에 시간이 되면 또 하자고 할 만큼 용기백배 해졌다.

세속의 사람들이나 수행하는 스님들에게도 미래는 정해진 바가 없다. 앞날을 누가 장담할 수 있겠는가. 깊이 없는 지혜로 자신의 앞날을 점치는 것은 한 치 앞도 보이지 않는 벼랑길을 걷는 것과 다르지 않다. 자기 자신을 신뢰하며 용기를 가진 자만이 내일을 헤쳐 나아갈 수 있다. 지혜로운 용기는 짊어지고 있는 모든 집착의 연결고리를 스스로 풀어 놓을 때 자연히 생기는 자신만의 선물이다.

"지나간 것을 쫓아가지 말라. 오지 않는 것을 바라지도 말라. 과거는 이미 지나가 버렸고 미래는 아직 오지 않았다. 그리고 지금 현재도 잘 관찰해 보면 순간순간 변해 가고 있다. 그러므로 '지금' 여기를 살도록 노력하지 않으면 안 된다." _ 아함경

보광스님

비와 커피

오늘은 새벽부터 강한 비바람이 분다. 얼마나 강하게 부는지 바다 위 갈매기가 앞을 향해 날지 못하고 정지된 채 점점 위로만 올라간다. 어제의 바다는 잔잔한 쪽빛이더니 오늘은 연한 잿빛으로 옷을 갈아입었다. 순식간에 변하는 바다를 보니 혼란스럽고 놀랍다. 그래도 저 바다 깊은 곳은 전혀 변화가 없을 것이다. 수행이 깊은 사람은 언제나 여여하듯이.

스님 세 명이 나란히 창가에 붙어서 한참이나 바다를 바라보고 있다. 자중스님이 갑자기 정적을 깨며 재미있는 제안을 한다.

"비가 오는 것도 인연이니 오늘 우리가 빗속을 걸으며 반갑게 맞이하는 것도 비에 대한 예의입니다. 어떻습니까? 오늘 반갑게 비를 맞이해 주심이."

엉뚱한 낭만주의자 자중스님 때문에 한바탕 웃었다. 정말 애
기동자 같은 자중스님.

무료해지는 시간을 때우려 자중스님과 함께 비가 내리고 있
는 속초 시내를 구경하기로 했다. 비가 오는 데다 오전이라
그런지 번화가인데도 인적이 드물다.

비도 피하고 향 좋은 커피도 마실 겸 작은 커피숍에 들어갔
다. 자중스님은 요거트쉐이크를 나는 진한 에스프레스를 주
문했다. 자극적인 입맛 때문인지 커피도 탕약처럼 쓴 것이
좋다. 자중스님이 잔뜩 인상을 찡그리며 나만 바라본다. 어
떤 사람들이 이런 것을 마시나 궁금했는데, 오늘 직접 보니
더 이상하다고 떠든다.

커피숍에 앉아 있자니 김동현 라오스봉사회 총무님이 들려 준 반가운 소식이 생각난다. 총무님이 운영하던 25평 정도의 작은 라이브호프집을 라오스봉사회 사무실 겸 사랑방 겸 북카페로 개조해서 오픈하고자 한단다. 천 권 정도의 도서를 진열하고 커피와 차는 저렴하게 판매할 계획이라고 했다. 김동현 총무님의 재테크강의와 라이브 공연 외에도 시와 문학을 사랑하는 사람들의 지대방을 만들어 봉사회원 가입을 독려하는 멋진 계획이다.

국내 장학활동도 활성화시키고 라오스 계몽사업을 비롯해 다양한 사회봉사 활동을 세상에 알릴 수 있는 베이스캠프가 만들어지는 셈이다. 너무 좋아서 가슴이 뛴다. 부산에 돌아가면 곧 오픈 가능하단다.

부산에 내려가면 커피 내리는 기술을 배워야겠다. 불광사 신도님의 자녀 가운데 나의 커피 스승이 되고자 만반의 준비를 하고 있는 이가 있단다. 커피 내리는 스님이 얼마나 어색하겠는가만, 새로운 인연을 만나고 소통하는 데 좋은 계기가 될 수 있을 것 같다. 이번 기도가 나에게 던져준 과제이기도 하고 선물이기도 하다.

부처님의 나무 그늘 아래

비는 내리지 않지만 날씨는 잔뜩 찌푸렸다. 날씨 탓인지 무릎도 찌뿌듯하다. 이 나이에 벌써 무릎관절이 날씨의 영향을 받을 줄이야.

삼일 전 멈추었던 곳에서 다시 절을 시작했다. 도로 위는 어제 내린 비로 흠뻑 젖어 있었다. 절을 할 때마다 빗물이 바닥에서 올라와 질척하다. 얼마 가지 않아 승복바지가 물에 젖어 축 처져 버린다. 볼품없는 나를 보고 놀리기라도 하듯 까마귀 무리들이 감나무에 옹기종기 모여앉아 싱싱한 감을 쪼아 먹으며 나를 향해 깍깍 울어댄다.

이틀간 편안하게 여유를 즐기며 쏟아지는 비를 잘도 피했건만, 바닥을 적신 빗물은 결국 피하지 못했다. 옷까지 잘 빨아 입었는데 할 수 없지.

그래도 촉촉이 비에 젖은 산천은 신비로움을 더하며 한층 멋스럽다. 연한 회색 구름이 하늘을 덮고 있고, 골짜기마다 연기 같은 운무가 자욱하다. 계곡물은 어제의 바다

흉내를 내는 양 흰 거품을 일으키며 쏜살같이 흘러간다. 차가운 날씨에 비 온 뒤의 풍경이라 몸이 싸늘해지지만 그나마 이런 좋은 경치마저 없었더라면 더 추울 뻔 했다.

우리는 자연이 주는 시간 속에서 마음의 밭을 일구고 원력을 세웠다. 스님들은 각자의 기도 원력대로 해답을 얻어 가고 있다. 나 역시 마음이 편안해졌고 하나 둘 작은 소원부터 이루어지는 부처님의 가피를 경험했다. 이제 그 시간이 이제 얼마 남지 않았다. 회향의 시간이 점점 다가오고 있으니 촌음을 아끼고 아낄 수밖에 없다.

순례기도를 떠나기 전엔 많은 것이 힘들었다. 자존심 때문에 나 스스로를 곤경에 빠뜨려 많이도 허우적거렸다. 그리고 허공 속에서 팔을 휘저으며 무엇인가를 잡으려고 애를 썼다. 이미 내가 모든 것을 품에 안고 있었는데도 몰랐다.

이제 돌아가서 순례기간 동안 느끼고 얻은 바를 하나하나 풀어서 정리하는 일만 남았다. 할 수 있는 일은 더 노력하고 안 될 일은 내려놓고 즐거운 일은 열심히 하고 괴로운 일은 무심해지면 된다. 지치면 부처님의 나무그늘 아래에서 쉬고, 목이 마르면 시와 명상으로 갈증을 풀며, 수행의 외로움이 사무칠 때면 걸망 메고 다시 한 번 가을을 만나러 떠날 것이다.

마음 가득 행복의 감로비가 보슬보슬 내린다.

길위의 64일

오색온천

얼마 만에 보는 햇살인지 모르겠다. 덩달아 마음까지 환해진다.

양양 시내에서 출발해 오색온천 입구까지 절을 해나갔다. 점점 싸늘해지는 날씨가 우리들의 목적지가 가까워졌음을 알려주고 있다.

막바지 단풍을 즐기려는 관광객과 등산객, 관광버스들이 정신없이 몰려와 오색온천과 한계령은 발 디딜 틈 없이 붐볐다. 한계령으로 향하는 관광버스는 꽉 찬 탑승객으로 빈자리가 없다. 차에 탑승한 관광객들이 창밖으로 고개를 내밀며 우리를 쳐다본다. 길에서 엎드렸다 일어났다를 반복하는 우리의 모습이 생전 처음 보는 희한한 장면인 것처럼 왜곡된 시선이 느껴진다. 그다지 유쾌한 기분이 들지 않아 '구경 열심히 하시고 우리들의 모습을 잊지 말아달라' 고 마음속으로 오기를 부린다. 그러다 땅바닥에 이마를 가볍게 찧었다. 종종 이렇게 해야 정신을 차리고 딴 생각을 하지 않는다.

이곳은 과연 명불허전의 관광지답게 막바지에 이른 단풍이 농후한 색채를 뽐내고 있었다. 우리가 지나온 고갯길은 단풍이 지기 시작했는데 이곳은 아름다움이 여전했다.

이 아름다움을 와장창 깨는 것이 있다. 자중스님의 배탈이 또 시작된 것이다. 몸이 약한데다 장이 예민해 조금만 입에 맞지 않는 음식을 먹어도 배탈이 난다. 배탈이 나는 날이면 기도고 뭐고 간에 도로 옆 수풀에서, 수로에서, 밭에서, 폐가에서 일상처럼 그의 진한 흔적을 온 천지에 남기기 바빴다. 마치, '방하착' 하듯이 모든 근심을 내려놓았다. 차 안에 뒹굴던 비상용 휴지도 바닥날 정도다. 도대체 자중스님은 자중을 하지 못한다. 처음엔 웃기다가 이젠 건강에 이상이 있는 것은 아닌가 싶어 걱정이다. 장난기가 발동해 휴대폰으로 사진을 찍으러 살금살금 다가갔더니, 손에 돌멩이를 들고 있다. 자칫하다 돌에 맞을까봐 그만뒀다.

길위의 64일

50일 넘게 하루 두 끼를 인스턴트 밥으로 때우려니 원래부터 약했던 위장이 견뎌내지 못하는 것이다. 석광스님과 나는 식성이 좋아 이것저것 가리지 않고 잘 먹기 때문에 그나마 건강을 유지해 나간다.

이러다가 자중스님이 며칠 뒤에 있을 오세암, 봉정암 순례에 아무 탈 없이 동참할 수 있을지 걱정이다. 자중스님은 문제없다고 큰소리치지만 내 입장에선 걱정이 이만저만이 아니다. 두 스님 가운데 누구든 몸이 괴롭거나 마음이 고통스러워 기도하기가 힘들 때면 애가 쓰인다. 내가 해 줄 수 있는 것이 그리 많지 않으니 어찌할 바를 모르겠다. 어찌됐건 저렇게 약한 몸으로 기도에 동참해서 열심히 정진하며 우리와 호흡을 맞추어 주는 자중스님의 정신력을 높이 평가한다.

아침과 낮의 일교차가 커 초겨울과 초봄이 공존 하는 것 같다. 딱 감기에 걸리기 쉬운 날씨다. 청도의 법장스님도 감기조심 하셔야 할 터인데 염려가 된다. 워낙 강인한 정신력의 소유자라 걱정이 덜하지만, 그래도 연세 많은 어르신이 추워지는 산속에서 혼자 지내기가 녹록치는 않을 것이다. 이럴 때는 누군가 옆에 좀 있어주었으면 하는 생각이 저절로 든다.

시골에 홀로 계신 노부모를 걱정하는 자녀의 마음이나 나의 마음이 다를 바가 하나도 없다. 모든 것에 걸림 없이 사는 것이 스님의 삶이라면서도 주지 소임에 묶여 그저 말로만 어버이를 걱정하고 있으니 한심스럽고 죄송한 마음뿐이다. 길 위에서 점심을 먹으면서도 오늘은 어머니 걱정이 더한다. 기도를 마치고 돌아가면 보일러에 기름도 가득 채워 드리고 이불과 옷도 두꺼운 것으로 바꿔 드리고, 이것저것 겨울나기 준비를 꼼꼼히 해드려야겠다. 오늘은 오색온천에서 목욕이나 하며 푹 쉬어야겠다.

길위의 64일

인간과 신의 한계, 한계령

54일째 ··· 시월 이십사일 / 금요일 날씨 : 맑음(19km)

한계령을 넘는다. 높이 솟은 기암괴석과 그 사이에 자리하고 있는 푸른 소나무들! 말로 예찬하기 부족한 풍광이다. 바위들은 기도하는 불보살님들의 형상처럼 앉거나 서 있고 이곳저곳에는 거대한 바위 신장들이 산 능선을 걸어가고 있는 듯하다. 한계령은 장엄하고 거대한 불보살과 신장들의 안식처 같은 곳이다.

산골짜기 따라 바람이 파도를 일으킨다. 세차게 불 때마다 바람은 을씨년스런 울음을 울고 낙엽은 와스스 소낙비처럼 날린다. 웅장한 아름다움에 절로 탄성이 나온다. 인간과 신들이 왕래할 수 있는 한계선이라는 생각이 들 정도로 장엄하다. 그래서 '한계령'이라고 나 혼자 해석해 버렸다. 자중스님과 석광스님도 연신 감탄사를 내뱉으며 거대한 석불처럼 서있는 기암괴석에 마구 절을 한다. 낙엽 밟는 소리가 기분 좋게

길위의 64일

귀를 간지럽히고 세차게 부는 찬바람도 오늘만큼은 시원하다며 두 팔 벌려 음미하고 있다. 아무리 좋아도 저러다 감기 걸릴 텐데….

한계령 정상 부근에서 평소보다 더 겸허한 마음으로 순례기도 동참자들을 위해 기도 와 축원을 올렸다. 모든 불보살과 제위신장들이 우리의 기도축원을 애민섭수 하였으 리라 굳게 믿는다.

정상 휴게소는 엄청난 인파와 차량들로 북새통을 이루었다. 아름다운 경치와 웅장함 에 매료된 사람들의 얼굴엔 행복한 미소가 가득하다. 산이 사람들을 하나로 만들었 다. 어떤 이는 합장을 하고 어떤 이는 산을 향해 연신 허리 굽혀 반배를 한다. 과연 자 연이 창건한 불보살의 도량이며 번뇌를 타파할 수 있는 수행처이다.

오늘 이곳에 모였던 많은 이들은 결국 세속의 번잡한 일상으로 돌아가겠지만 아마도 오늘 보았던 풍경과 웅장함, 화려함은 잊지 못할 것이다. 두 손 모아 모두를 위해 축 원한다. 모두가 행복하고 편안한 나날 맞이하기를.

나무관세음보살! 나무 한계령보살마하살!

진짜 법문

어제 오후부터 콧물을 훌쩍거리던 자중스님이 감기몸살에 걸렸다. 한계령의 찬바람과 배탈설사가 몸을 망가뜨렸나보다. 아침 식사도 못한 채 이불속에서 좀처럼 나오질 못한다. 맹맹한 콧소리로 미안하다는 말만 반복한다.

어제의 염려가 현실이 되었다. 미안해하지 말라고 안심시킨 뒤 감기약을 먹이고 민박집에 부탁해 방 온도를 더 높였다. 약한 체력에도 불구하고 참으로 잘 버텨온 자중스님. 석광스님도 걱정이 되어 부산에서 준비해온 누룽지를 끓여 아침이라도 먹여보려고 애를 썼다. 자중스님만 아픈 게 아니라 덩달아 우리까지 아픈 듯하다.

한 몸 한 형제처럼 지내며 이곳까지 함께 온 도반이 아닌가. 그 중에 한 형제가 아프다니 고통을 나누어 가질 수도 없고 마음만 무거울 뿐이다. 내일부터 봉정암 도착 때까지 쉬라는 말에 자중스님이 힘없이 손사래를 치며 정색한다. 어떻게 여기까지 왔는데, 겨우 몸살감기 따위로 가장 중요한 마지막 기도를 막느냐며 나를 쳐다본다.

오세암과 봉정암 순례는 이때까지 해 온 것 보다 몇 배는 더 힘든 길이라 몸이 다칠 수 있다고 말해도 막무가내다. 다른 곳은 몰라도 봉정암만큼은 억지로라도 가겠노라 고집을 피운다. 또 모레 백담사에서 부산 신도님들과 합류하기로 약속 되어있으니 그동안 충분히 회복 할 수 있다고 호언장담까지 한다. 그러면서 자신의 기도 행보를 제발 막지 말라고 나와 석광스님에게 간곡히 부탁을 한다. 가슴이 뭉클해진다.

더 이상 만류하다간 말다툼이 일어날 것 같아서 석광스님도 나도 한 발 물러섰다. 걱정스런 마음에 뜨거운 꿀물을 마시게 하고 이불을 머리까지 덮어준 뒤 석광스님과 마을 산책을 나왔다.

마을 앞에는 관광객들에게 생명의 존귀함을 알리기 위해 조그마한 생태 늪지를 조성해 놓았다. 잘 꾸며진 나무테라스 길옆으로 갈대와 늪지식물들이 자라고 있었다. 우리도 이번 순례를 통해 자연의 위대함을 깨닫고 생명에 대한 존귀함을 배웠다. 길에서 죽어간 야생동물들과 엎드려야만 보이는 작은 곤충들, 이슬이 내리는 아침마다 모습을 드러내는 생명체들이 무심코 지나가는 사람들의 발에 밟혀 죽은 것을 무수히 보았다. 그들도 살기 위해 몸부림쳤을 것을 알기에 더욱 안타까운 마음이 들고 생명의 소중함이 절절이 각인되었다. 석광스님이 늪지를 바라보다 깊은 한숨을 토해내며 말을 잇는다.

"모든 사람들이 죽어간 영혼들과 작은 생명체에게 조금이라도 존경심을 가진다면 이 세상은 사랑이 넘쳐 살만한 세계가 될 것입니다."

석광스님의 말이 큰 울림이 되어 돌아온다. 모든 생명들은 감정이 있다. 슬픔과 근심과 분노를 느끼는 우리와 같은 중생들이다. 그러니 살아있는 모든 것들에게 조금만 관심을 갖고 배려하면 얼마나 아름다운 세상이 될까.

부처님께서는 되도록이면 육식을 피하거나 금하라 하셨다. 기도하는 사람들이 육식을 피하는 이유는 평정심을 유지하는데 도움이 되기 때문이다. 죽어간 동물들의 몸에는 분노와 공포가 남는데 그 기운이 우리가 먹는 고기 속에 남아 있어 육식을 많이 하게 되면 성품이 거칠어진다는 것이다. 나도 육식을 자주 하는 편인데 그래서 성품이 급하며 다혈질인가 보다.

한 때 내 별명이 아수라였다. 얼마나 못나게 살았는지 짐작이 가는 대목이다. 거울 속 내 눈을 처다보니 아직도 사납다. 청정하게 살지 못한 증표 같아서 부끄럽다. 눈은 마음의 창이라던데 아직까지도 창문이 더럽다. 자중스님과 석광스님의 신심을 따라 더 노력해야겠다.

방에 누워있는 자중스님이 오늘 나에게 법문을 해 주었다. 병약한 순간에도 더욱 큰 신심을 보일 수 있는 용기와 마음이 얼마나 위대한지 몸소 보여주는 진짜 법문이었다.

내일은 자중스님이 자리에서 벌떡 일어나기를 부처님께 부탁 드렸다.

두 스님의 뒷모습,
가슴이 아리다

56일째 … 시월 이십육일 / 일요일 날씨 : 맑음(18km)

모두의 염려 때문인지 자중스님의 몸이 많이 호전되었다. 오늘은 백담사 매표소까지 남은거리 18km를 석광스님과 내가 나누어 강행하기로 하였다. 자중스님도 하겠다고 떼를 쓰지만, 오늘만은 허락지 않았다. 대신 조심스럽게 운전을 부탁했다. 실망하는 표정이 역력하지만 오세암 등반을 위해 체력회복을 하려면 어쩔 수 없다.

그저께 한계령을 넘어 온 뒤 남은 거리부터 시작했다. 안개가 산과 도로를 점령해 버렸다. 뿌연 안개 속에서 절을 하는 석광스님의 모습과 운전대에 앉아서 진언을 외는 자중스님의 모습이 너무 가여워 가슴이 아리다. 마지막 적멸보궁 봉정암 입성이 얼마 남지 않았기에 남은 힘을 다하는 두 스님의 모습이 고마움과 슬픈 연민을 만들어낸다. 생을 다하는 날까지 오늘 이 순간의 모습은 영원히 가슴에 남을 것 같다. 이토

록 순박하고 여리고 착한 스님들과 함께 기도하는 인연에 다시 한 번 머리 숙여 감사
했다.

절을 할 때는 땀이 흐를 정도로 더운데, 순서를 바꾸어 잠시 쉬는 시간엔 금방 한기
가 몰려와 차안에 들어가 히터를 켜야 한다. 햇빛이 있어도 강원도 산골의 바람은 차
다. 그래서 사시불공도 차에서 올리고, 점심 식사를 할 식당도 차를 타고 다니며 물
색했다. 식당에 들어서자 많은 사람들이 식사를 멈추고 우리를 쳐다봤다. 무릎보호
대를 하고 들어선 남루한 스님들의 모습이 별스럽기 때문이다.
텔레비전 뉴스를 보던 사람들이 대북 전단지 살포를 두고 의견이 분분하다. 정당한
행위니 위험한 발상이니 서로 옥신각신이다. 우리도 덩달아 토론을 해보았는데, 우
리의 기도순례에 힘입어 통일이 본격적으로 진행되었으면 좋겠다는 통쾌한 결론을
내렸다. 최종 목적지인 통일전망대에 가까워질수록 하루빨리 통일이 되어 남북의 우
리 민족 모두가 행복해지도록 부처님 전에 더 간절하게 발원한다.

통일이 된다면 납골당에 모셔진 아버지의 유골을 고향인 평양에 뿌려드리고, 옛 스
승님들의 수행처인 천년고찰을 참배한 뒤 백두산까지 절을 하며 순례하고 싶다. 나
는 예감한다. 통일이 멀지 않았음을!
나무아미타불 관세음보살!

짜증, 고집, 후회

57일째 ··· 시월 이십칠일 / 일요일 날씨 : 맑음(10km)

아침 8시쯤 백담사 매표소에서 출발했다. 백담사로 이어지는 백담계곡은 언제나 뛰어난 경치를 자랑한다. 천천히 절을 하며 감상에 젖는 것도 잠시, 6km의 짧은 거리인지라 백담사에 금방 도착했다. 백담사 역시 마지막 가을 정취를 즐기려는 사람들로 붐볐다. 여기저기서 소리치며 사진 찍는 관광객들 때문에 기도수행 도량의 느낌이 없다.

오세암과 봉정암 순례기도에 동참하기 위해 불광사지킴이 정 처사와 유리광 공덕회장님을 비롯해 신도님 여덟 분이 새벽길을 달려 백담사까지 오셨다. 점심공양을 마친 뒤 신도님 네 분과 함께 법당 앞 탑전에서 출발했다. 갈아입을 옷가지와 기도축원문 등 꼭 필요한 것만 챙겼는데도 배낭 가득 한 짐이다.

숨이 목까지 찰 정도로 헉헉거리며 겨우 영시암에 도착했다. 너무 지치고 힘들어 1박

을 할까 하다가, 그냥 숨만 돌리고 오세암을 향해 출발했다. 얼마 전부터 오른쪽 무릎이 좋지 않더니 결국 탈이 났다. 기도하는 내내 무릎이 욱신거리며 통증이 쉬지 않고 밀려왔다. 아픈 데다 무거운 배낭 때문에 체력이 방전 되다시피 했다.

너무 힘이 드니까 갑자기 짜증과 분노가 머리를 치켜들고 불쑥 나타났다. 별 이유도 없이 짜증이 나서 괜스레 나무와 돌을 노려보고 지나가는 등산객을 쏘아본다.

관세음보살을 외다보니 다행히 짜증스런 마음이 멈추었다. 이젠 감정의 놀음에 좀 편안해진 줄 알았더니 아직 멀었나 보다. 잠시 동안의 육체적인 고통도 못 이겨 값싼 감정에 휘말리다니! 오는 동안 산을 보고 바람을 느끼며 마음을 내려놓은 줄 알았더니 그냥 내가 스스로에게 속았다. 오늘은 내가 정말 싫다. 새로운 마음으로 다시 정

진해야겠다.

오세암 가는 길이 오늘따라 너무 힘들어 잘 걷지도 못하겠다. 두 스님이 내 배낭을 대신 매겠다했지만, 정말 개도 안 물어 갈 알량한 자존심 때문에 강하게 거부했다. 두 스님을 먼저 오세암으로 보내고 나 혼자 뒤처져 가자니 후회가 되었다.

"그냥 맡길 걸! 이놈의 똥고집!"

그래도 다시 힘을 내 절을 해나갔다. 두 스님들이 걱정이 되었는지 도로 내려와서 내 배낭 안에 든 두꺼운 축원문을 강제로 빼내어 간다. 신기하게도 배낭이 솜털처럼 가벼워졌다. 역시 나의 형제들, 두 스님이 관세음보살이다.

기다시피 해서 가피의 도량 오세암에 겨우겨우 도착했다. 방사를 배정받고 씻을 기운도 없어 수건에 물을 묻혀 대충 닦은 뒤 기절한 것처럼 쓰러져 잠들었다.

공양시간은 누군가 깨우지 않아도 신통할 정도로 잘 안다. 덕분에 저녁공양에 맞춰
일어나 무사히 식사를 마쳤다. 오른쪽 무릎은 여전히 아프지만 내일 봉정암까지의
십보일배는 죽자 살자 밀어붙일 생각이다.

내일의 걱정은 내일하고 오늘은 지친 몸부터 추스르기 위해 일찍 자리에 누웠는데,
이곳저곳 몸을 움직이며 벌레를 피하는 자중스님이 비명을 질러댄다. 그 소리 때문
에 잠들지 못할까 걱정이 된 것도 잠시, 벌레에 대한 공포도 피곤한 몸을 이기지는
못했는지 스님들은 이내 콜을 골며 깊은 잠에 빠져 버린다. 잠든 모습을 가만히 바라
보니 천진하고 순수하기 그지없다. 두 스님은 나를 지켜주는 신장들이요, 관세음보
살의 화신이다. 두 신장들에게 합장정례 하고 감사의 기도를 드린다.

설악산의 제불 신장들이시여. 두 스님의 모든 업장 소멸케 해 주시옵고, 원하는 일체
의 공덕 이루어지게 하옵소서.

나무석가모니불! 나무관세음보살!

불뇌사리탑 앞에서

58일째 … 시월 이십팔일 / 월요일   날씨 : 맑음(4.5km)

오세암에서 아침공양을 마친 뒤 7시에 출발했다. 무릎을 굽힐 때마다 움찔하며 느껴지는 통증이 별반 달라지지 않았다. 저녁에 파스를 붙이고 무릎 안마도 해보았지만 그렇게 나아지질 않았다. 봉정암까지 십보일배를 강행하게 되면 분명 무릎에 큰 장애가 올 것이다. 8년간 봉정암 십보일배를 21번이나 해낸 나도 오늘은 어쩔 수 없이 아픈 무릎 때문에 용기가 꺾인다. 설악산 십보일배의 기도 인연이 다 되어가는 모양이다.

경험 많은 것은 아무 소용도 없고 무릎이 아파 쩔쩔 매고 있으니, 미안한 마음이 들어 스님들의 무거운 짐 일부를 더해서 짊어지고 뒤를 따랐다. 석광스님과 자중스님은 아무래도 밤새 기도 가피를 입은 것이 틀림없다. 오세암에서 오전 7시에 출발해서

봉정암에는 오전 10시 전에 도착한 것이다. 금강력의 힘을 얻었는지 석광스님은 9시에 봉정암에 도착해버렸다. 걸어가는 사람보다 더 빨리 도착한 것이다.

사리탑 앞에 도착한 우리들은 감개무량 한 마음으로 서로에게 삼배 맞절을 하며 고행을 격려하고 칭찬했다. 부산에서 이곳 봉정암까지 58일간 동고동락한 보람이 석가모니부처님 불뇌 사리탑 앞에서 증명되었다. 가슴이 벅차오르는 이 마음을 누가 알 것인가. 오롯이 우리 세 스님들만이 알 뿐. 참회하고 발원하며, 엎드려 울어가면서 이곳에 도착했으니 그 어떤 기도 보다 값진 순례에 마침표를 찍었다. 감흥을 가라앉히고 맑은 하늘과 설악산의 웅장한 경치를 바라보고 있던 스님들에게 조심스레 물었다.

보광스님

"5대 보궁 순례를 마친 지금, 스님들 마음에 얻어진 바가 있습니까?"
두 스님들의 대답은 명쾌했다. 물러섬과 두려움이 없는 용기, 신심에 대한 자기성찰,
지나간 일에 대한 후회를 내려놓고 수행정진 하겠다는 의지를 얻었다고 한다. 또 여
러 대중들의 힘과 응원 덕분에 큰 장애 없이 보궁순례를 회향할 수 있었으니 부처님
의 가피를 발원하는 것으로 감사함을 전한다. 수행자로서 더 이상 말이 필요 없는 성
과가 아니겠는가.

오후에는 신도님들이 준비해온 공양물을 사리탑 앞에 올려놓고 여섯 번째 일체조상
및 유주무주 고혼들을 위한 천도재를 지냈다. 사리탑을 휘감아 도는 따스한 온기가
우리들 주위에도 살랑거리며 전해졌다. 떠나가는 무주령들의 감사 인사라는 생각이
들었다. 이 따스함에 화답하며 아미타불 명호를 설악산에 가득 채웠다.

봉정암 순례기도

59일째 ⋯ 시월 이십구일 / 화요일 날씨 : 맑음

날이 밝기 전 오전 6시 20분에 봉정암에서 하산했다. 이틀 전부터 같이 동행한 이경순 보살님과 김학업 보살님이 부산까지 가야 하기 때문에 서둘러 내려왔다.
자중스님은 오늘 구미에서 신도님 여덟 분이 봉정암으로 온다기에, 하루 더 머물며 신도님들과 기도를 하기로 했다. 석광스님과 나만 먼저 내려와 부산으로 떠나는 신도님들을 배웅했다. 봉정암 십보일배에 동참하기 위해 2박 3일간 고생한 부산 신도님들에게 깊은 감사의 인사를 전했다.

속초시 근교의 척산온천 휴양지에 숙소를 정했다. 3일간 계속된 설악산 순례 때문에 지치고 긴장한 온몸의 근육을 풀기 위해 뜨거운 온천에 몸을 담갔다. 이제 회향일까지 5일 남았다. 회향 후 내 자리로 돌아간 뒤 무엇을 할 것인지 곰곰 생각해보았다.

지난 8년간 21번의 봉정암 십보일배와 부산에서 5대 적멸보궁까지 대순례기도를 두 번이나 하는 동안 얻은 것은 용기와 신념 그리고 석광스님이라는 아름다운 인연이 다. 그 동안 많은 불자님들에게 전해 준 감동과 신심을 이제 석광스님과 함께 할 생 각이다.

4년 전 초등학생과 중고등학생 20명을 인솔해서 2박 3일 동안 봉정암까지 11km를 십보일배 한 적 있었다. 많은 등산객이 이 광경을 지켜보며 경탄했다. 기도를 무사히 마친 어린 학생들은 봉정암 사리탑 앞에서 눈물을 흘리며 세상에는 마음만 먹으면 못 할 것이 없다는 큰 용기와 자부심을 가졌다. 이런 경험을 바탕으로 여름방학에 맞 춰 자기자신을 돌아보고 강한 정신력을 기르는 '한계 극복 프로그램'을 운영해 볼 계획이다. 범위를 좀 더 넓혀 종교에 관계없이 일반인, 직장인을 위한 프로그램도 운 영하면 좋을 듯하다. 이번 순례기도에서 마음에 큰 힘을 얻은 석광스님이 함께 해 준 다면 더없이 좋을 것 같다.

다소 무모해 보이나 새로운 용기가 필요한 사람들에게 전통적 불교 수행을 알릴 수 있는 훌륭한 포교의 장이 될 수도 있을 것이다. 번뇌와 고통을 이겨내고 편안함을 얻 기 위해서는 짧지만 강도 높은 고된 수행이 필요하다. 거기에 맞는 적절한 수행법이 바로 자신을 내려놓고 되돌아 볼 수 있는 2박 3일간의 봉정암 순례기도가 아니겠는 가.

부산으로 돌아가 계획을 행동으로 옮길 생각을 하니 가슴이 쉴 없이 뛴다.

두려움 없는 시작

60일째 … 시월 삽십일 / 수요일 날씨 : 맑음

자중스님은 오후 1시가 다 되어서야 내려왔다. 신도님들을 인솔하여 내려오느라 고생했는지 많이 지쳐있었다. 봉정암에 처음 오신 분이 있었던지 오세암으로 내려오는 길에 여간 고생이 많았던 게 아닌 모양이다. 그래도 모두 기쁨과 신심이 가득했다고 전해 들었다. 척산온천 숙소에서 자중스님의 지친 몸을 쉬게 했다.

내일부터 다시 늦가을 비가 내린다는 일기예보가 있었지만 걱정이 없다. 남은 시간과 거리가 여유롭기 때문이다. 앞으로 48km만 나아가면 된다.
부산을 떠나온 지 벌써 60일째, 정말 꿈같은 시간들이 지나갔다. 세 명이 나누어서 돌아가며 절을 하다 보니 기도순례에 무리가 가지 않았다. 그만큼 여유롭고 행복한 순례여행이었다는 말이기도 하고, 행복했던 만큼 헤어짐이 애석하다는 말이기도 하다. 회향이 얼마 남지 않았다는 아쉬움을 서로의 얼굴에서 읽는다.

이제 나도 슬슬 여행의 막바지를 정리 할 때가 되었다. 먼저 자유롭게 떠있는 마음부터 제자리로 가져와야겠다. 주지소임을 두 달 넘게 비웠으니, 돌아가면 정리해야 할 일들이 많을 것이다. 세상을 위해 봉사해야 할 일들도 차근차근 정리하고 다시는 소임이 힘들다는 나태한 생각도 하지 않을 것이며 이번 여행에서 깨달은 정직한 자비를 실천할 것이다. 또 순례기간 동안 거의 매일 되짚어보고 나에게 각인시키려 했던 것들을 실수 없이 실천해야 할 것이다. 새로운 인연들과 함께 하는 새로운 출발은 두려움 없는 시작이 될 것이다.

장애

61일째 … 시월 삼십일일 / 목요일   날씨 : 흐림(19km)

백담사 마을입구 진입로에서 고성 진부령 쪽으로 걸음을 옮겼다. 잎을 떨군 앙상한 나무들이 더욱더 추위를 느끼게 만든다.

앳된 얼굴의 군인들이 보이기 시작 하는 걸 보니, 통일 전망대에 가까워짐을 알겠다. 남북의 긴장감도 이곳에서는 찾을 수 없다. 그저 일상의 평범한 삶이 활기차게 돌아가고 있을 뿐이다. 황태 덕장을 처음 보았는데 아주 색달랐다.

도로 위 차량 통행도 눈에 띄게 줄었다. 이곳은 제법 을씨년스럽기도 하고 한가롭기도 하다. 진부령 고개 쉼터에서 사시불공을 드린 뒤 계속 나아갔다. 저녁부터 비가 시작되어 내일 저녁까지 내린다는 소식에 할 수 없이 오늘도 강행군이다.

봉정암 이후 긴장이 풀어진 탓인지 모두들 아픈 데가 한두 군데씩 나타나기 시작했다. 나는 오른쪽 다리 근육에 통증이 생겼다. 마지막 장애인가 하는 생각이 들었다. 간간이 무릎과 다리통증이 왔다. 그래도 내색하지 않고 묵묵히 십보일배를 해 나갔다. 아프지 않은 사람이 없기 때문에 각자의 몫은 각자가 해내며 힘들어도 그냥 앞으로 나아가야만 했다. 육체의 고통은 더 이상 우리에게 장애가 되지 않았다.

세상에 이유 없이 생기는 장애는 없다. 그런 이치를 알기에 우리들은 장애의 원인을 알아내고 극복하려 했다. 석광스님은 자기 자신을 용서했고, 자중스님은 수행의 신심을 증장시켰고, 나는 신념이 더욱 확고해졌다. 이런 마음이 이번 기도를 통해 얻게 된 부처님의 선물이며 기도의 결과이다.

길위의 64일

설레는 마음

고성 거진항에 새벽부터 부슬비가 내렸다. 명태축제가 열리고 있는 거진항은 제법 활발하고 부산하다.

조금씩 내리는 부슬비라 옷이 젖더라도 절을 하기로 했다. 얼마 남지 않은 거리를 최대한 줄이기 위해 아침 7시부터 절을 해 나갔다. 가랑비에 옷 젖는다고 서서히 땀과 비로 젖어간다. 오늘은 날씨마저 텁텁하고 더운지라 온 몸이 땀투성이다. 가랑비와 땀으로 샤워를 하는 것 같다. 그래도 목적지가 얼마 남지 않았다는 기쁨과 안도감 때문에 마음은 즐겁다. 몸에선 뜨거운 기운이 화산처럼 분출하는데, 한참을 빨지 않은 옷에선 땀 냄새가 코를 찌른다.

마치 돈키호테처럼 나를 몰아가며 이곳까지 왔다. 한 쪽 구석에 쭈그려 앉아 눈만 굴

리던 나 자신을 부둥켜안고, 따뜻한 햇살이 밝게 빛나는 길 위로 데리고 나왔다.

그리고 길 없는 곳에서 앞으로 내가 나아가야 할 길을 찾았다. 행복한 삶을 위하여 봉사의 삶을 선택하기로 한 나, 내 말을 믿고 나와 같이 봉사의 길을 가기로 한 산초 같은 석광스님. 이제 기도를 마치고 제 자리로 돌아가면 봉사자의 삶을 선택한 나와 석광스님의 여정이 지금까지의 생활보다 더 힘들지도 모르겠다. 그러나 분명한 건 우리들은 아름다운 희망으로 가슴 설레고 있다는 것이다. 아낌없이 나눌 수 있는 용기와 순애보 같은 자비심을 이곳 회향지에서 결실로 가져가고 싶다.

오후엔 비가 그치고 옅은 햇살이 비춰 절하기 좋은 날씨가 되었다. 내일은 하루 시간을 내어 군사분계선을 비롯한 여러 곳을 둘러볼 생각으로 예정거리 보다 더 나아갔다. 회향 날을 위해 7km는 남겨두고 오늘 하루를 접는다.

마음은 항상 용감하게
생각은 항상 신중하게
행동은 항상 깨끗하고 조심스럽게
스스로 자제하여 법에 따라 살며
부지런히 정진하는 사람은
영원히 깨어 있는 사람이다.
_ 법구경

보광스님

원만 회향을 발원하며

발원

바람이 일던 그 곳에서
낙엽의 죽음을 보았네.
낙엽 한 잎에 번뇌 하나씩 내려놓을 수 있다면
수 없이 많은 낙엽의 죽음 속에
팔만사천 번뇌도 내려놓겠네.
바람이 돌아온 그곳에
이미 떨어져 흔적 없는 낙엽의 빈 가지를 보았네.
그렇게 입혀졌던 낙엽 옷들이

수많은 번뇌의 소멸이기를
간절히 불보살님께 기도발원 드리네.
_ 법계명

알 수 있나요.

여름하늘, 땀을 뻘뻘 흘리며
제 몸을 불태우는 태양의
소리없는 절규를 들을 수 있나요? 당신은!
세찬 비바람이 나무들을 고문하고 간 뒤
나뭇잎에 숨었던 풀벌레들이 우는 의미를 알고 있나요? 당신은!
까만 빌로드 같은 하늘이
북두칠성, 견우별, 직녀별, 사자자리, 전갈자리 등등
전설같은 별무리를 이끌고 지상으로 가까이 내려앉은
밤하늘의 의미를 알고 있나요? 당신은!
존재의 근원
마음이 마음을 잊고 방황해 본적 있나요? 당신은!
이 마음이 숨어서 우는 소릴 들을 수 있나요? 당신은!
_ 법계명

구도

단풍에 그을린 햇살 가르며
아스라히 하늘 한자락 붙들고 섰는
해질녘 잎새여.
애달픈 숨결 사르락 사르락 강물 되어 흐른다.
몇 천 년을 씨내린 생명력일까
끝없고 끝없는 시간의 강 속
한 생명 타래 엮어
내일을 위한 잉태에 쉴 새 없어라.
세상은 거대한 꿈
한 번의 울음으로
한 번의 몸짓으로는
깊은 상념에 가라앉은 꿈을 건져 올리기엔
무리일 게야.

빛바랜 꿈 육신의 껍질일랑

낙엽 무덤 속 묻어두고서

하이얀 눈꽃으로 고이 잠들었다가

따스한 빗물 얼었던 씨알 어루만질 때

눈부신 날개 높이높이 펼치우거라.

_ 법게명

회향의 날,
다시 입재를 위하여

64일째 회향 ··· 십일월 삼일 / 일요일   날씨 : 맑음(6km) 통일전망대 회향 총거리 : 807km

설렘과 아쉬움을 가슴에 담아 마지막 절을 해나갔다. 회향에 동참할 신도님들의 도착시간에 맞추어 아침 10시에 발걸음을 내디뎠다. 속 시원한 아쉬움이 발걸음을 힘차고도 더디게 만든다.

통일전망대 출입신고소에 도착하며 64일간 807km의 대장정을 끝냈다. 도착하면 눈물이 쏟아질 줄 알았는데, 오히려 담담하다. 공허한 느낌을 청명한 하늘과 검푸른 바다가 대신할 뿐이다.

갑자기 허기가 몰려온다. 회향소식을 듣고 불광사에서 130명의 신도님들이 오셨다. 불교계 언론에서도 관심을 가지고 취재를 해 주었다. 많은 이들의 관심과 넉넉한 마음이 허기지는 기분을 달래 준다.

통일 전망대를 통과하기 위해 꼼꼼한 통과절차를 거쳤다. 분단의 팽팽한 긴장감이 그대로 느껴지며 무거운 기운이 감돈다.

북쪽을 향해 묵묵히 서 계시는 부처님 앞에서 일곱 번째이자 마지막인 천도재를 지내고 십보일배 회향식과 통일을 염원하는 불공을 드렸다. 불공을 드리는 순간순간 알 수 없는 목메임이 불쑥 올라왔다.

사실 순례기도를 떠날 때는 두려움이 적지 않았다. 5년 전 순례기도 때 보다 열정과 신심도 부족했고, 두 명의 스님들이 큰 힘과 도움이 될 거라고 생각하면서도 무사히 잘 해낼 수 있을까 하는 두려움이 앞섰다. 이제 무사히 순례 기도를 마치고 많은 신도님들의 환호와 격려를 받으며 이 자리에 서 있는 나와 스님들을 보니 참으로 대견스럽다. 기대 이상으로 훌륭하게 자기 역할을 해 준 두 스님이 다시 생각하고 또 생각해도 고맙고 자랑스럽다. 그래서 나도 모르게 울컥 뜨거운 것이 올라왔나 보다.

순례여행의 종착지 통일전망대를 떠나려는데 아쉬움이 자꾸만 내 발목을 잡는다. 도착하자마자 곧 떠나려니 허망하기 그지없는 것이다. 그러나 처음 출발했던 곳과 끝나는 곳이 다르지 않다는 것을 알게 되었다면 머무는 바 없이 떠나야 할 일이다.

자중스님은 기도를 마치자마자 서둘러 자신의 자리로 떠났다. 자중스님은 이미 확고한 마음의 답을 알아차리고 미련 없이 떠난 것이다. 힘겹게 머물고 있던 그곳이 자기가 그토록 애타게 찾던 자리임을 알아버렸기에 그리움에 사무친 사람처럼 아쉬움만 남기고 훌쩍 떠났다. 올 때는 억지로 용기 내어 오더니 갈 때는 그것마저 버리고 떠났다. 훌륭하다.
어제 저녁, 자신이 초라하게 여겨지던 곳이 가장 값진 곳이었다는 속마음을 석광스님과 나에게 살짝 털어 놓았다. 그렇기 때문에 우리들도 서둘러 떠나는 그를 웃으며 편하게 보낼 수 있었던 것이다.

우리도 휴휴암으로 서둘러 떠났다. 휴휴암에 도착한 후 늦은 저녁 공양을 마치고 신도님들을 위한 기도에 들어갈 예정이다. 그리고 내일 아침 방생을 끝으로 모든 일정은 끝이 난다.
오늘은 회향이지만 내일은 다시 입재다. 끝나는 지점에서 다시 시작할 것이다. 두려움과 의심 없는 마음으로 수행과 포교의 현장에 있을 것이다. 이것이 어제 저녁 의미심장한 표정으로 주고받은 우리들의 마지막 대화였다.

보광스님

좋은 일도 나쁜 일도 나의 과보요 복이니 남에게 허물을 돌리고 싶은 마음이 없다.

02 석 광 스 님

초심의 날

부산하고 어수선했지만 여러 큰스님들과 사부대중들과 불자님들의 성원에 힘입어 힘찬 출발을 하였다. 초심을 잊지 않고 끝까지 가기를 소망한다. 그래서 모두의 기도가 성취되기를 바란다.

자연과 사람

진인사대천명이라.

사람이 계획을 세우나 하늘이 도와주어야 함을 느꼈다. 강한 폭우가 왔지만 자연의 여러 정령들이 도와주어서 어려움 없이 기도를 마칠 수 있었다. 여러 선신님들의 가호와 불보살님들의 가피로 무사히 기도가 끝나서 원하는 바 성취되기를 발원한다.

통도사 적멸보궁

불자님들과 산문에서 사리탑까지 3보 1배 기도를 하였다. 첫 단추가 잘 끼워진 것 같다. 몸도 적응을 하는지 덜 피곤하고 기도가 편해진다. 앞으로의 행보에 더 힘이 실리고 새로운 기운을 얻었다. 모두 불자님들의 응원의 힘인가 보다. 남은 기도도 일심으로 꾸준히 해 나가리라 다짐한다.

오늘 이후 내 마음이 잔잔한 수면처럼 고요해지기를, 그리하여 한가한 도인처럼 무심해지기를.

물의 정령이 내린
축복 속에서

이른 아침 몽환적인 분위기의 자욱한 안개 속에서 기도를 시작했다.

물의 정령님이 더우니 시원하게 기도하라고 축복하는 듯하다.

차분한 분위기 속에서 하루의 기도를 마쳤다.

공백의 날

순탄한 날들이 오늘은 이어지지 못했다. 한 스님이 아픔으로 인해 빈자리를 메우려는 마음으로 평일보다는 다르게 기도를 하게 되었다. 언젠가 나에게도 일어날 일이리라.

항상 긴장하면서 몸 상태를 관리하여야 함을 다시 느꼈다. 앞날을 생각하여 내가 아닌 우리임을 느낀 날이었다.

두 번째 천도재의 날

지금의 나는 전생이 있음에 존재하는 것이요, 부모님이 계시기에 태어난 것이다. 거슬러 올라가 할아버지 할머님이 계시기에 내 부모님은 또한 존재하는 것이다. 그러하니 조상님 없이 우리들이 있을 수 있겠는가.

그러함에도 불구하고 제사를 소홀히 모시고 있음이 안타깝다. 그로 인해 후손들에게 과가 돌아감이 더욱 안타깝다. 불자님들은 이러한 이치를 알아서 더욱 정성껏 조상님들과 부모님을 모시기를 바란다.

과거생의 내가 현재생의 나이며 현재생의 내가 미리생의 나이다.

사모곡(아버지)

오늘은 아버지에 대해 이야기를 하게 되었다. 좋은 기억보다는 아픈 기억이 더 많은 점이 서로 닮아 있었다. 그렇게 서로 이야기를 나누면서 지금은 고인이 되신 아버님을 기억 속에서 되살려 보았다.

참으로 미안하고 고마운 존재이면서 또 무던히도 원망했던가 보다. 어찌 보면 아버지도 처해 있는 환경을 극복하지 못한 피해자이고, 또 그 삶을 이기기 위해서 실로 처절한 삶을 사신 분이기도 하다.

어느덧 세월이 흘러 나이가 들자 어버지의 아픔이 나의 가슴을 아리게 한다. 조금만 더 지혜롭게 사셨으면 어떻게 되었을까 하는 생각이 참 부질없이 느껴진다.

아버님!
치열하게 사셨고 그래서 더 애달픈 삶을 사셨던 아버님. 마지막 가시는 길에 너무 큰 행을 행하셨던 아버님. 못난 아들은 그래서 가신 아버님을 이제는 마음에서 편하게 놓았습니다. 다음 생에서는 덕 있는 가문에 태어나셔서 하고자 하는 행을 하시고 큰 스승을 만나기를 간절히 바랍니다. 이 생은 끝났으니 현생의 모든 집착, 미련 훌훌 털어버리시고 모든 불보살님들이 설하는 극락세계에 가시기를 두 손 모아 빕니다.

아버님!
미워했지만 마음으로 존경하고 사랑했던 아버님. 너무나 죄스럽고 미안합니다. 그래서 더욱 간절히 용서를 빌어봅니다. 어리석었던 이 소자를 용서하시고 이 생의 인연들 모두 놓고 편히 가십시오. 오온과 육근이 공이요, 마음의 움직임도 공이요, 오온과 육근이 무요, 마음의 생김도 무입니다. 첩첩산중 모든 곳에 아미타부처님이 계십니다. 모든 곳 모든 것이 부처님 계시는 곳입니다.

부처님 어린 제자 간절히 원하옵니다.
부처님이 주신 가르침 중에 한 가지라도 알기를.
그리하여 님의 옆에서 더 큰 가르침을 들을 수 있기를.
나무 석가모니불 나무 석가모니불 나무 시아본사 석가모니불.

비 오는 날

오늘은 하루 종일 비가 내렸다. 비를 보노라니 도인들이
하신 말씀이 생각난다.

"도는 물과 같다."
왜 이러한 표현을 했을까? 물은 높은 곳에서 아래로 흐르
니 도의 마음이 그러해서 그런가? 막히면 돌아가거나 스
며들어서 소리 없이 움직이면서 만물에게 도움을 주고
높은 산 깊은 골 작은 샘에서 발원하여 흐르고 흘러서 마
침내 바다에 이른다. 그리하여 다시 수증기가 되어 하늘
에 오르고, 오르고 나서 다시 비나 안개나 이슬이 되어
땅으로 향해서 만물에게 도움을 준다. 그래서 옛 선인들
은 도를 물에 비유했을까? 아니면 본질은 변함이 없는데

사용하는 곳에 따라서 여러 모양으로 바뀌나 근본은 변하지 않는 것에 이르는 것일까?

어떠한 연유로 도를 물에 비유해서 말씀하셨는지 모르나 나 자신도 근본은 수행자임을 항상 자각하고 생활하며 그에 맞추어서 행하여야 함을 깨닫는다. 물의 마음은 무심이나 베풂에는 온정과 과단이 있음을 잊지 않고 도에도 무조건적인 한 가지만 있는 것이 아니라는 것을 느끼게 된다.

옛 선인이시여! 우매한 후인이 선인이 설하신 도의 끝자락이라도 잡을 수 있게 살펴 주소서.

관세음보살

오전 기도가 끝나고 오후 기도를 시작하는데 어디선가 관세음보살이라는 소리가 들려온다. 어디서 들려오나 귀 기울이니 바로 옆 강에서 흐르는 물소리가 관세음보살이라는 소리로 들렸다. 아미타경을 읽으면서 모든 소리가 부처님이 설하신 법문으로 들려온다는 구절이 비로소 어렴풋이 이해가 되었다.

아직 수행이 부족한지 새소리는 새소리요, 자동차 소리는 자동차 소리다. 세상의 모든 소리가 관세음보살이라는 소리로 들리는 것이 언제일지 모르나 오늘 나는 행복하였다. 나무 관세음보살.

아래 세상을 바라보며

절을 하면 땅을 바라보게 되고 그 주위의 냄새를 맡고 소리를 들을 수밖에 없다.
우리들은 평소에 발밑의 바로 아래는 보지 않고 무심히 지나친다. 나 또한 이번 기도
를 하지 않았다면 절대로 모르고 지나쳤을 세상이었다. 그 세상은 우리의 세상과 다
르지 않았다. 키만 작고 덩치만 작을 뿐이지 무척이나 분주하고 바빴다. 무심코 발을
디디고 다녔던 것이 저절로 반성이 되었다. 왜 옛 선사들이 주장자를 짚고 다녔는지
알겠다.
비록 뒤늦게 알게 된 것이지만 앞으로는 발밑의 세상을 두루 살피면서 다녀야겠다.
그러기 위해서는 몸가짐이 조심스러워져야함은 당연하다. 몸을 조신하게 움직이면
자연히 큰 움직임이 줄어들어서 마음의 움직임도 줄어들고 차분해져 실수가 적을 것
이다. 이 또한 생활 속의 수행이리라.

세 번째 천도재의 날

나는 거목의 뿌리처럼 견고하게 고정되어 있되 주위의 여건에 따라 유연하게 움직이
면서도 근본은 흔들리지 않는 그러한 마음을 항상 가지고자 한다. 그러한 수행자가
되고자 한다. 내 처지에 따라, 주변의 사정에 의하여 흔들리지 않는 수행자가 되고자
한다.

언행일치

처음 출가하여 첫 번째로 배운 것이 '하심'이고 다음이 묵언이었다. 정반대로 살아가는 우리네로서는 세월이 흐를수록 참으로 지키기 어려운 말이다. 나이 먹을수록 더욱 어려워지는 것 같다. 수행자의 말과 행동은 일치하여야 하는데도 거짓으로 꾸민 일들이 떠오른다. 참으로 부끄럽다.

산천을 바라보며 문득 나는 다른 이들에게 어떻게 보일까 하고 생각해 보았다. 저 산처럼 있는 그대로 보일까? 아니면 어떠한 모습으로 보일까?

거짓으로 대하면 언젠가는 그것이 들통 나고 만다. 그래서 나는 언제나 내 행동에 책임을 지고 그에 대한 대가를 받을 준비가 되어 있다. 앞으로도 그러할 것이다. 좋은 일도 나쁜 일도 나의 과보요 복이니 남에게 허물을 돌리고 싶은 마음이 없다. 수행자인 내가 내 행동과 말에 책임이 없으면 어찌하겠는가?

어린 시절 책임이 두려워 도망친 적이 있었다. 허나 차츰 지내다 보니 피하는 것은 하책 중에 하책이었다. 그 다음부터는 어떤 일이라도 내가 책임지리라 다짐했다. 이 다짐은 내 몸 버리기까지 내가 가져갈 나의 마음이다.

수행자야! 마음의 거울을 잊지 말지어다.

한 걸음씩

어느덧 기도가 절반의 과정에 접어들었다. 처음 시작할 때 언제쯤 다 가나 하는 막연한 생각이 없었다면 거짓이리라. 자연의 정령과 불보살님들의 가피와 선신님들의 도움에 힘입고 도와주시는 신도님들의 응원과 도움에 힘입어 어느덧 절반의 길을 왔는가 보다.

처음 출발 할 때의 초심을 다시금 되새기면서 나머지 기도를 향하여 부단히 나아간다. 행하고 행하고 행하면 중도에 하차하지 아니하고 끝에 도달함을 알기에.

석광스님

인연인가?

기도를 마치고 쉴 장소를 구하는 중에 여러 곳을 둘러보게 되었다. 쉬는 곳도 인연이 있어야 함을 오늘도 느끼게 되었다. 이러한 일들을 경험하면서 우리들이 무의식적으로 가는 장소와 스쳐지나가는 사람들도 인연이 있기에 가능하다는 것을 알 수 있었다.

아무리 작은 인연이라도 그 소중함을 다시금 생각하면서 무심히 지나친 것 중에 내가 놓친 것이 있는지 점검해 본다. 그리고 앞으로 함께 갈 주위의 인연자들을 생각하며 그 소중함에 감사드리고, 부족한 사람임에도 옆에 있어 주어 또다시 감사드린다.

죽음에 대하여

기도 중에 길에서 죽어있는 크고 작은 동물들을 많이 본다. 오늘은 그들의 처참한 모습을 보면서 죽음에 대하여 생각해 보았다. 나면 죽는 것이 당연한 이치이나 어떻게 죽느냐 하는 것이 중요한 것 같다. 후회 없고 집착 없는 그러한 죽음이 더 없이 좋은 죽음이나 이러한 죽음을 맞이하는 이가 얼마나 될까.

나는 불자님들에게 "저는 잘 죽기 위한 공부를 하는 중입니다."라고 말하곤 한다. 죽을 시간을 알고 그에 대비하는 것, 그리하여 죽음을 겸허히 받아들이는 것이 내가 하는 공부라고. 그래서 자기 전에 하루를 마감하면서 그 날 있었던 일 가운데 안 좋은 일은 마음에 맺힌 것이 없도록 하고, 좋은 일은 감사하면서 잠에 들도록 노력한다. 그래야만 죽음의 순간이 와도 후회와 집착이 덜하다.

태어나고 죽는 것을 우리가 마음대로 할 수는 없지만, 그래도 죽음만큼은 우리 마음대로 하려면 죽는 것이 당연함을 잊지 말아야 한다. 죽음에 이르면 이때까지 살아오면서 마음에 생긴 업들을 내려놓아야 한다. 내가 지은 업에 대한 과보는 당연히 받아야 할 뿐만 아니라 그 죄를 반드시 갚아야 하는 것이 인과응보의 법이기 때문이다. 지금 살아가고 있는 현생의 결과가 후에 태어날 우리에게 공부가 되어서 영적으로 더욱 성숙하게 되는 것도 인지하여야 한다. 그러니 지금의 공부가 얼마나 중요한가.

살아가면서 나쁘고 좋은 것을 분별하지 말아야 하겠다. 좋고 싫은 분별이 없는데 무슨 집착이 있겠는가? 이러한 마음으로 평소에 공부를 꾸준히 하여 죽음을 맞이해야겠다.

생자필멸이라.

석광스님

청소

기도 중에 마을의 노보살님들과 노처사님들이 청소하시는 모습을 보았다. 주말에 도시의 사람들이 놀러왔다가 버리고 간 쓰레기를 청소하고 계셨다. 놀기는 딴 사람들이 놀고 뒷정리는 여기서 생활하시는 분들이 하는 모습을 보니 씁쓸하기 짝이 없다. 그러다가 지금의 경치를 즐길 수 있게 깨끗이 청소해주시는 이분들께 감사함을 느꼈다. 어느 누군가 버리고 간 쓰레기들을 이분들이 치워주시기에 뒷사람들도 여기에 와서 놀 수 있는 것이 아니겠는가.

그런 상념가운데 우리 마음의 먼지도 매일 청소를 한다는 생각이 들었다. 잘못한 일은 참회하고 잘 한 일은 더욱더 잘 할 수 있도록 노력하는 매일이 되면 마음도 조금씩 좋아질 것은 설명이 필요 없다.

어제는 오늘의 과거요 내일은 오늘의 미래이다. 오늘 하루를 열심히 살아가야 함은 당연한 일이다.

230.

수탉의 울음소리

사시불공 때쯤 마을에서 수탉의 울음소리가 들려왔다. 새벽을 깨우는 소리가 아니라 한 낮의 울음소리였다. 처음에는 저 놈의 수탉이 울 때를 모르고 우는구나 라고 생각했다. 그런데 과연 수탉이 새벽에만 울어서 우리의 잠을 깨우는 것만이 정상이고 당연한 것일까 라는 의문이 들었다. 지금 이 시간에 우는 것 또한 당연한 것인데 우리 인간의 기준에 맞춘 것이 아닐까 하는 생각도 들었다. 그렇다면 우리 인간들은 살아가면서 제때에 올바르게 목소리를 내는 경우가 얼마나 될까?

"침묵은 금이다." "말 한마디에 천 냥 빚을 갚는다."라는 말이 있다. 쓸데없이 헛말하는 것을 경책하는 말이지만 그만큼 말이 중요함을 의미하리라.
나는 신도님들께 자신의 생각을 말하고 표현하면서 살아가라고 이야기 한다. 자신의 생각을 확실하게 표현할 때 오해가 없으며 서로 대화를 해야만 상대방을 이해 할 수 있다. 마음속에 담아두고 벙어리 냉가슴처럼 가만히 있으면 화병만 남는다. 그러나 말이 필요 없을 때는 침묵해야 한다.
정구업진언 수리수리 마하수리 수수리 사바하.

마음이 만드는 허상

길에서 기도를 하다 보니 긴 줄 같은 것만 보면 뱀으로 착각하게 된다. 죽어 있는 뱀과 살아 있는 뱀들을 무수히 보았더니 비슷한 사물을 대하면 마치 뱀인것처럼 오인하게 되는 것이다. 눈만이 아니다. 소리도 그러하다. 소리만 듣고 비슷한 상황을 엉뚱하게 생각하는 경우가 생기기도 한다. 무엇인지 확인해보면 전혀 다른 것인데도 말이다.

보는 것과 듣는 것이 이러하거늘 마음속으로 상상하는 것에 우리들이 얼마나 끄달리며 살아가는지. 그러면서 오해도 한다. 상대방의 마음도 확인하지 않은 채 엉뚱한 생각으로 자신의 마음을 다치게 한다. 제 혼자서 병을 만드는 것이다.

화두를 들면 큰 의심을 하라고 하지만 우리들의 일상은 다르다. 별거 아닌 일에 마음이 속아서 큰일로 만드는 경우가 많다. 그래서 나를 비롯한 우리 불자님들은 언제나 이 마음의 거짓을 경계하며 살아가야 한다. 어리석은 거짓에 속지 않고 지혜롭게 살아가는 우리가 되어야겠다.

정관! 바르게 보고 바르게 듣고 바르게 말하기.

수행자야! 마음의 거짓에 현혹되지 말고 바르게 보고 듣고 말하자.

석광스님

동가식서가숙

기도를 마치고 잠자리를 구하러 다니면서 문득 보금자리를 생각했다. 지금 생활이 길에서 시작해서 길에서 끝나다 보니 먹는 것도 길을 가다가 자리가 있으면 먹고, 잠자리도 가다가 있으면 들어가서 잔다. 어떤 때는 기분 좋은 잠자리를 만나는 경우가 있고 또 어떤 경우에는 조금 부족한 잠자리에서 먹고 잔다. 그러다보니 몸의 컨디션이 들쑥날쑥하게 마련이다. 이래서 안정된 보금자리를 찾나보다. 편안한 보금자리를 마련하려는 사람들의 마음이 이해가 된다. 그러면 우리 마음의 보금자리는 무엇일까? 수행자의 마음의 보금자리는 무엇일까? 마음! 오직 하나다.

수행의 길

나에게 맞는 수행법이 무엇일까 생각해 보았다. 산중에 홀로 기거하면서 하는 수행도 있고 시중에 살면서 여러 사람들과 어울리며 하는 수행이 있는가 하면 이 외에도 또 다른 여러 가지 수행법이 있다.

이 중에서 나에게 맞는 것이 무엇인가? 결론은 어울리고 부딪히며 하는 수행이다. 혼자서 독야청청하면 독각에 빠져 살 것 같아서이다. 오만하고 이기적인 나의 모습이 보인다. 결코 수행자의 모습은 아닌 것 같다. 여러 사람과 만나고 그들을 보고 들으면서 나의 모난 점을 깎아 나가는 내가 더 어울린다. 지금도 고집이 세다는 말을 듣는데 혼자서 자기만의 생각에 갇혀서 사는 나는 어떠하겠는가? 상상이 된다. 그래서 나에게는 지금의 수행법이 맞다. 부족하면 채우면 되고 모자라면 그에 만족할 줄 알고 있으면 베풀고 잘못한 것은 참회하고 이렇게 수행하는 내가 좋다. 사람들과 부딪히고 그곳에서 상처받고 아프고 행복해서 웃고 그렇게 나만의 수행을 앞으로도 계속할 것이다.

산중에만 도가 있는가? 세속에는 없는가? 선지식이 웃는구나, 구분하는 나를 보며. 머리에 방망이 한 방. 윽!

건네는 손길, 말 한 마디

기도 중 누군가 건네는 말 한마디, 물 한 잔에 힘을 얻는다. 무관심하게 보는 분들도 있지만 "수고하십니다." "음료수 한 잔 하세요." 라는 말씀을 해 주시는 분들도 있다. 작은 것에서 큰 것에 이르는 이치를 다시 한 번 생각해 본다. 작은 시냇물이 모여서 바다를 이룸을 잊지 말아야겠다. 비록 부족한 수행자이지만 길 위에서 만났던 모든 인연자들께 감사의 인사를 드린다.

자연의 향기

오늘은 흙을 밟으며 기도했다. 풀의 향기, 나무의 향기, 숲의 향기가 너무나 좋았다. 숲에서 지친 심신을 달래고 기운을 얻는다고 했는데 오늘은 그 참의미를 알 수가 있었다.

그런데 참으로 안타까운 마음이 든다. 지금 이 길이 내 어릴 적에는 항시 걷던 길이요 매일 보던 풍경이다. 물질적으로는 어려웠는지 몰라도 주변의 환경은 넉넉하고 풍성했다. 그런데 왜 옛 사람들의 생활이 지금보다 못하다고 무시하는지 모를 일이다. 과연 우리들이 옛 사람들의 정신적 깊이를 따를 수 있을까? 지금 우리가 배우는 공부도 수천 년 전의 것이요 앞으로도 그러할 것인데 말이다.

석광스님

238.

받아들임

우리들은 참으로 어리석어서 처음부터 좋은 것을 말하면 한 번에 받아들이는 경우가 거의 없다. 몇 번의 착오를 거쳐서 받아들일 때가 대부분이다. 남하고 나는 다르다는 어리석은 고집이 이렇게 만든다. 그러나 결국은 아 그때 그 말을 들을 걸 하고 후회를 하고 만다. 그때서야 받아들이는 것이다.

하지만 그 과정이 중요하다. 초등학생에게 아무리 고차원적인 수학을 설명해도 이해하지 못하지만 대학생에게 설명하면 알아듣는 것처럼 말이다. 실패와 성공, 웃음과 울음 등등 무수한 과정을 통하여 깨지고 다시 일어서고 하면서 무엇인가를 받아들이는 과정은 정말로 소중하다. 그러면서 성숙해지기 때문이다. 이것은 곧 지식이 지혜로 바뀌는 과정이기도 하다. 수행도 이와 다르지 않다. 꾸준히 갈고 닦아서 나아가다 보면 어느 순간 순연히 받아들이는 때가 올 것이다.

잊지 말도록 하자. 항상 닦으면서 그릇을 만들어가야 때가 오면 받아들일 수 있음을.

등대

오늘은 날씨가 좋지 않아 숙소에 머물면서 바다 가운데 있는 등대를 보게 되었다. 등
대의 역할은 한 가지다. 선박들에게 이정표 역할을 하는 것이다.

나의 역할 역시 등대와 다르지 않으리라. 대중들이 삶에 지치고 힘들 때 등불처럼 도
움이 되는 존재가 되는 것이 나의 역할일 것이다. 그러나 나라는 존재가 확실하게 바
른 자리에 있어야만 가능하다. 그렇다면 답은 하나, 수행자가 수행자다우면 되리라.

오늘 등대를 보면서 결국은 매일 매시간 노력하는 내가 되어야 함을 다시 느낀다.

수행자야! 초, 분, 시를 따지지 말고, 춘하추동을 따지지 말고, 옳고 그름을 따지지 말
고 묵묵히 가라. 막는 것을 부수고 앞으로 나아가라.

"行"

한계령을 넘어서

오늘은 한계령을 넘었다. 한계령이란 지명을 곰곰 되뇌다가 우리들이 생각하는 한계에 대해 고민했다.

이 기도도 여러 사람들이 힘들 것이라고 포기를 했다. 미리 못한다는 한계를 긋고 생각한 것이다. 그러나 어느덧 종착점에 다다라 간다. 우리는 살아가면서 시도하기도 전에 안 될 것이라고 미리 포기하는 경우가 많다. 나는 항상 해보고 후회하라고 한다. 그리고 해보지도 않고 생각만으로 결정을 내리지 말라고 한다. 지금의 기도도 힘들다는 생각만으로 포기 했다면 어떻게 되었을까.

어떠한 경우라도 시도해보고 결정을 내리고 미리 포기하지 않았으면 좋겠다. 모든 것이 도움이 되기 때문이다. 좋으면 좋은 대로 나쁘면 나쁜 대로 자기 자신에게 도움이 된다.

수행자야!

행하고 행하고 행하면 종착점에 도달함을 잊지 말라.

봉정암에 도착하여

오대적멸보궁의 마지막 도착지 설악산 봉정암에 도착했
다. 올해 초 봄에 십보일배 한 그 장소 그대로 오늘 다시
오르는 것임에도 그때가 다르고 오늘이 다름을 확연하게
느낀다. 그때는 몸의 상태가 그다지 좋지 않아 오를 때 무
척이나 고생을 하였다. 오르면서 오직 한 가지만 발원했
다.

"지금 이 기도가 무사히 이루어져 5대 적멸보궁기도를 할
수 있게 해 주십시오."라고.

지금, 그때 발원한 나의 기도를 들어 주신 부처님께 합장
올리며 감사드린다. 지나간 시간들은 모두 놓아 버리고 앞
으로의 일을 헤쳐나갈 힘을 얻은 것에 다시 감사드리며 잘
한 일이든 못한 일이든 모든 것을 책임질 마음의 자세를
다시 잡을 수 있어서 감사드린다.

뜻있는 기도를 준비하고 동참할 수 있게 애써 준 보광스님
에게도 감사드리고 먼 길을 같이 하여 온 자중스님에게도
감사드린다.

석광스님

회향

마침내 오늘이 기도 회향일이다. 64일간의 기도를 마치는 날이다. 부산에서 불자님들이 우리들의 기도 회향을 증명하기 위하여 오셨다.

기도를 마치면서 무슨 일이든 할 수 있다는 용기와 신심을 얻은 것이 제일 큰 수확이다. 포교원을 운영하면서 여러 가지 일들을 겪는 동안 자신감이 없어졌다는 것을 이번 기도를 통해 알 수 있었다. 실패를 극복하고 앞으로 나아가야 하지만 나도 모르게 두려워하여 움츠리고 있었음을 발견했다. 일을 시작하기도 전에 이런 저런 생각이 온통 머릿속을 차지하고 안 되면 어쩌나 또 이러하면 어쩌나 저러면 어쩌나 도망 다닐 핑계를 찾고 있었던 것 같다.

기도를 하면 할수록 과거의 일들이 부끄러워진다. 이제 기도를 마침에 있어서 물러섬은 없다. 행하고 행하는 가운데 아픔과 기쁨을 그대로 받아들이며 부단히 나아갈 것이다. 그 속에 내가 있음을 알았기 때문이다.

수행자야!
닦고 행하는 내가 되라.
나는 수행자임을 잊지 말라.
나는 수행자다.

석광스님

앉고 일어나고 눕고 걸어도 온 몸에 희열이다. 숨 쉴 때만 몸에 전율이 일어난다.

03 자 중 스 님

정암사

수마노탑은 금빛 은빛으로 빛나고 새벽 도량송은 만물을 깨우는데, 법당 대중들은
오히려 고요하다. 범종소리에 별들은 보슬비 되어 흩날리고 차가운 마루에서 선객은
아침을 기다린다.
아주 가까이서 운무가 흐른다. 홀연히 햇살이 나니 없음이 있음으로, 나무들 등진 곳
에 오로라 눈부시다.
허허, 저 새 한 마리 어디서 왔기에 소리 내어 이렇듯 좋아하나.

수행자여

수행자여. 길 위를 걸으며 한 생각 잡지 않고 이리저리 무슨 생각을 그리 많이 하는가.
수행자여. 절함이 하심인데 높고 낮음을 분별하는구나.
수행자여. 나무 그늘에 쉬면서 무엇을 또 노닐려 하는가.

자중스님

이 뭐꼬!

안개가 짙어지며 산으로 밀려 올 때마다 색다른 수묵화가 그려진다.

중생을 현혹시키기에 부족한 바 없는데, 햇살이 비치니 형형색색 또렷하다.

한 고갯길 넘으니 안개 밀려오고, 또 한 고개 넘으니 산 그림자 속에 나무들 숨고,

또 한 고개 지나가니 오색단풍 물결 멋을 내고, 수행자 머리는 땅에 둔다.

다시 이 뭐꼬!

탐진치

맛있는 것, 예쁜 것만을 찾고 마음속의 화는 불처럼 뜨겁다.

어리석어 이 모든 것을 동일시하니 괴로움이 더 한다.

맛있는 것에 화두를 얹고 예쁜 것에 화두를 얹고 화날 때 화두를 얹으면 초연해지리.

십보일배중에 여러 가지 화두를 하나로 돌리고 주관과 객관을 동시에 알아차린다.

처음엔 새소리를 듣고 화두와 하나로 묶었다.

정수리에서 모락모락 김이 오르는 듯하며 간질간질하다.

뒷일 보고 나오는 순간 대상과 보는 것이 하나가 되어 순일해졌다.

이것이다. 길을 찾았다.

뒷일 끝나고 문을 나서는데, 허허 이것인데 수고로이 고생했네.

다시 이 뭐꼬!

땀범벅인 채로 사시예불을 드렸다.

서로 말이 없어도 호흡이 척척 맞다.

가사를 수하고 앉으니 홀연히 바람결에 단풍이 후두둑 떨어진다.

자중스님

추억#1

아프니 모든 것이 귀찮고 사소한 농에 욱한다.
한 생각 간절해야 할 수행자가 습에 빠져 주인공을 놓치다니.
다시 발심해서 아픔이 일어나는 곳이 어디이며,
아픔을 아는 이것이 또한 무엇인가!
골방에 앉아 참새소리 재잘거리는 것을 듣고 화두와 하나 되니
정수리에서 송글송글 무엇인가 피어오른다.
고요하고 편하다.
스승이 말한다.
이 체험을 기억하라

추억#2

해우소에서 볼 일을 끝내고 일어나니 또렷해졌다.
소리를 듣고 보고 있는 이 몸을 자각하는 것!
간절함과 꾸준함이 길을 밝히는구나.

추억 #3

앉고 일어나고 눕고 걸어도 온 몸에 희열이다.

숨 쉴 때만 몸에 전율이 일어난다.

공부하는 수행자들에게 말하고 싶다.

공부의 깊이를 자랑하지 말고 다시 일관된 신심으로 밀고 나가야 한다.

그렇지 않으면 자랑이 질투를 부르고 기도는 해이해진다.

진리를 갈구하자.

이 뭐꼬!

청송 소헌공원에서

온 종일 하나를 붙들고 있다가 잠시 위를 쳐다보는데 죽음이 찾아왔다.
찰나의 두려움!
받아들이기 초라한 모습에 부모는 눈물짓지만 어찌 이 기쁨을 전달할까.

고개를 드니 구름 속에서 드러나는 달
달빛이 나무에 걸리니 이미 왔던 곳이라 무엇을 다시 마음을 쓰나.
스님들 밤사이 괴성울음 두고 마루에 누워 미소 짓네.

땅거미 내린 도량 끝자락 넓적돌에 앉으니
소나무 가지에 둥근 달이 떠 있고 법당엔 촛불이 은은하다.
범종소리에 부엉이 별 노래 찾고 스님들 솔향 거닐며 오는구나.

산 그림자 높아 어느새 땅거미 내려앉은 한적한 농가
아궁이에서 연기피어 올라 엷은 안개 드리우고
서편 하늘에는 층층이 구름 속 노을이 걸러있네.

자중스님   .255

망우재

수행자 두 눈에 눈물이 맺혀있다. 인연의 눈물인가.
인연은 나로부터 시작이다.
잠에서 깨어나면 나가 먼저 있다.
모든 기쁨과 슬픔이 나라고 하는 이것 때문에 있는데,
소리를 듣고 보고 있는
이 몸을 몸이라 하는 자, 이 뭐꼬!
수행자 걸음에 고갯마루 까마귀 까악~.

비 내리는 날의 회상

비를 맞으며 작은 마을 뒤 동산을 오른다. 너무나 조용하다.
이른 아침이라 비와 나만이 얘기한다.
이름 없는 무덤 앞에 앉아 비를 맞으며
여기저기 헤매는 개미를 본다.
눈물이 흐르고 나를 잊으려 죽음 앞에 선다.
나는 누구인가. 왜 나는 나인가.

월정사

오대산 월정사 가는 길
머리 조아리니 잣 향기 가득하고
고개 드니 들깨향기 고소하다.
도리질 소리에 바둑이 고요하다.

봉정암

아름다운 풍경도 매일 보고 있으면 무덤덤해진다.

병풍으로 둘러싼 산들이 큰 벽이다.

이 '나' 라는 것이 있으므로 벽이라. 이 뭐꼬!

두 스님 눈에 눈물이 맺혀 있다.

헤어짐이 아쉬워서 그런 것이 아니리라.

수행의 못다함과 서로에게 미안함과 감사.

다시 이 뭐꼬!

자중스님

개구쟁이

늘 아침맞이를 보광스님이 하려한다. 그리고 교대할 때
면 늘 눈가에 어린 감수성이 젖어있다. 때론 눈물도 흘리
고 때로는 생글 웃으며 개구쟁이가 된다. 뛰어오른다.
하하!!!

길 위에서

흰수염이 늘어나니 피부는 쭈글쭈글해지고 하고자 하
는 의욕도 없다.
석광스님은 그것을 아는지 걸음걸음 마다 관세음보살
부르는 소리가 들린다.
사진을 찍기 위해 사물을 볼 때나 인연을 만날 때 좋다
싫다도 아니고, 좋고 싫음을 아는 이것이 뭐꼬를 물어
야 하는데 습에 놀아난다.
행동함에 깨어 있어야 하는데 무의식으로 하니 한 생각
꽉 잡기가 왜 이리 힘 드는가.

악연

부드럽게 왔다가 거칠게 남아 있어 잊으려 해도 자꾸만 생각
나는 것이 크나큰 고통이다. 내가 없고, 또 모든 것이 나인데
지붕에 비가 새듯 한 생각 흐려지면 춥다. 꽉 깨물어라, 화두!

자중스님

함께하는 마음

인연은 어디든 있음에…

2013년 2월 스산한 겨울의 끝자락 보광스님과 봄을 얘기하다가 여름, 가을, 겨울 그리고 또 다른 계절을 차례차례 보내고 이젠 또 다른 인연 잇기에 동분서주 하고 있습 니다.

너와 내가 따로 없고 여기저기가 다르지 않음을 알고 봉사에 재미를 붙이기 3년 여 성상이 흐른 지금 뿌듯함 보다는 턱없이 모자람에 항상 미안함과 아쉬움, 부끄러움이 앞섭니다.

보광스님이 보여준 64일간의 십보일배는 오직 이타利他를 실천한 일념의 발현이라 더욱 더 큰 가치가 있다고 볼 수 있겠습니다.

저희 '라오의 산들바람' 의 바람과 희망은 오직 이타利他를 실천함에 있습니다.

'어르신을 위한 급식과 지원' '어린 학생을 위한 장학사업' '라오스 돕기' 가 그 발현인데 특히 지난 2014년 6월엔 저희 단체로서는 아주 의미가 큰 한 해였는데 여러분과 언론매체로부터 과분한 사랑을 받아 '봉사와 기부' 에 한층 더 전력을 모으고 있습니다.

동남아 라오스의 '방비엥 반틴온' 에 초등학교를 건립하는 쾌거를 이뤄 냈습니다.

앞으로 저희는 항상 어디든 존재하는 인연들에게 '나눔과 봉사'를 가슴 깊이 새기어 가난과 무지로 힘겨운 삶을 살아가는 모든 이에게 희망의 끈을 연결하는 가교 역할을 충실히 할 것입니다.

'국내 지원사업'은 물론 라오스에도 '장학사업과 계몽사업'을 다각도로 펼치고자 계획을 하고 있으니 여러분들의 뜨거운 관심과 지원 부탁드립니다.

옛 현인의 일침 중 "年月日時 旣定有, 浮生 空自忙(인생은 정해져 있는데 부질 없는 인생, 공연히 바쁘기만 하구나)" 이라는 글귀가 오늘 더욱더 선명합니다

여러분도 매일 바쁘기만 한 삶을 보내고 계신진 않습니까!

길지 않은 인생, 짧지도 않은 인생!

단 하루라도 '나 보다 너'를 생각하는 삶을 생각하며 날마다 행복한 미소로 살아가시기 바랍니다.

라오의 산들바람 총무 금학 김 동 현

보광스님의
길 위의 64일

글. 보광
사진. 보광, 석광, 자중, 김나영

초판 1쇄 인쇄. 2015년 2월 23일
초판 1쇄 발행. 2015년 2월 27일

펴낸이. 김윤희
편집장. 선우향
디자인. 방혜영
펴낸곳. 맑은소리 맑은나라
출판등록. 2000년 7월 10일 제 02-01-295 호
주소. 부산광역시 중구 대청로 126번길 18 동광빌딩 201호
전화. 051) 255-0263
팩스. 051) 255-0953
전자우편. puremind-ms@daum.net

값 13,000원
ISBN 978-89-94782-40-9 03220